한권 한달 완성
일본어 말하기 Lv. 2

한권 한달 완성
일본어 말하기 Lv. 2

초판 1쇄 발행 2025년 11월 27일

지은이 시원스쿨어학연구소
펴낸곳 (주)에스제이더블유인터내셔널
펴낸이 양홍걸 이시원

홈페이지 japan.siwonschool.com
주소 서울시 영등포구 영신로 166 시원스쿨
교재 구입 문의 02)2014-8151
고객센터 02)6409-0878

ISBN 979-11-7550-029-7 13730
Number 1-310501-31319929-08

이 책은 저작권법에 따라 보호받는 저작물이므로 무단복제와 무단전재를 금합니다. 이 책 내용의 전부 또는 일부를 이용하려면 반드시 저작권자와 ㈜에스제이더블유인터내셔널의 서면 동의를 받아야 합니다.

한권 한달 완성
일본어 말하기 Lv. 2

시원스쿨어학연구소 지음

S 시원스쿨닷컴

목차

- 이 책의 구성 　　　　　　　　　　　　　　　　　006
- 학습에 도움을 주는 부가 자료　　　　　　　　　008
- 30일 완성 학습 플래너　　　　　　　　　　　　009

UNIT 01　パスタを 食べる。 파스타를 먹어.　　　011

UNIT 02　地下鉄に 乗ります。 지하철을 타요.　　　021

UNIT 03　買い物を しました。 쇼핑을 했어요.　　　033

UNIT 04　カードが 机の 上に あります。 카드가 책상 위에 있어요.　　　041

UNIT 05　カフェの 中に います。 카페 안에 있어요.　　　049

UNIT 06　あの お店に 入りましょう。 저 가게에 들어갑시다.　　　057

UNIT 07　音楽を 聞きながら 運転します。 음악을 들으면서 운전해요.　　　065

UNIT 08　本を 借りに 行きます。 책을 빌리러 가요.　　　073

UNIT 09　お土産を 買いたいです。 기념품을 사고 싶어요.　　　081

UNIT 10　この アプリは 使いやすいです。 이 앱은 사용하기 편해요.　　　089

UNIT 11	漢字は 覚えにくいです。 한자는 외우기 힘들어요.	097
UNIT 12	ゲームを しすぎました。 게임을 너무 많이 했어요.	105
UNIT 13	景色が きれいに 見えます。 경치가 예쁘게 보여요.	113
UNIT 14	海で 泳ぐ ことが できます。 바다에서 헤엄칠 수 있어요.	121
UNIT 15	家で ゆっくり 休む つもりです。 집에서 느긋하게 쉴 생각이에요.	129
UNIT 16	ぜったいに 買わない。 절대로 사지 않아.	137
UNIT 17	大きい 声で 話さないで ください。 큰 목소리로 이야기하지 말아 주세요.	147
UNIT 18	謝らなくても いいです。 사과하지 않아도 돼요.	155
UNIT 19	お金を 払わないと いけません。 돈을 지불해야 해요.	163
UNIT 20	風邪ですから、休みます。 감기이기 때문에 쉬어요.	171

부록	일본어 문법표	180
	동사 활용표	182
	동사 활용 쓰기 연습	184
	필기 시험 정답	199

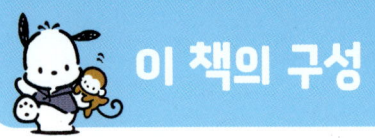

이 책의 구성

각 과의 주요 내용과 단어를 미리 파악해요!

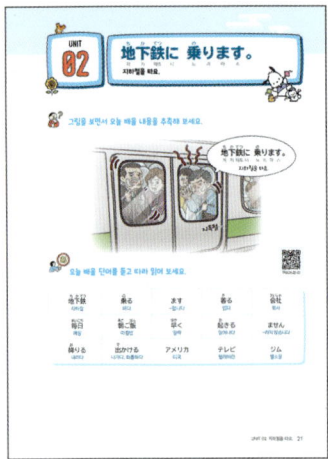

1. 각 과의 주요 내용을 그림과 함께 추측해 보고, 배울 내용을 미리 파악합니다.
2. 초급 학습자들이 꼭 알아야 할 단어를 보기 쉽게 정리하였으며, 제공되는 음원을 듣고 따라 말하다 보면 억지로 외우지 않아도 자연스럽게 외울 수 있습니다.

핵심 문형의 개념을 확실하게 다져요!

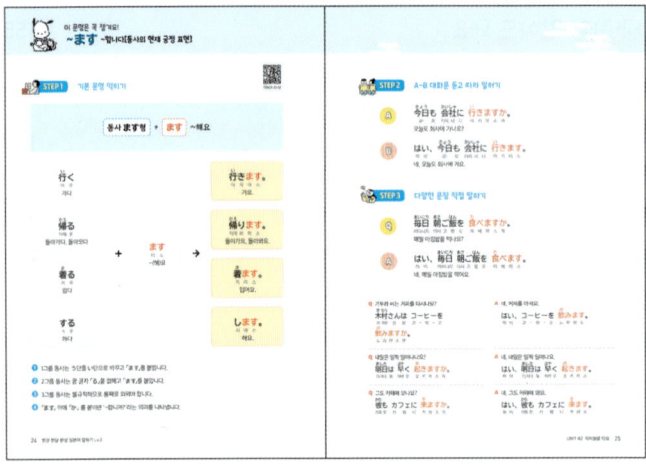

1. 일본어에서 반드시 알아야 할 핵심 문형을 도식화하여 정리함으로써, 주요 문형을 빠르게 이해할 수 있습니다.
2. 개념을 쉽게 이해할 수 있도록 정확한 설명을 덧붙여, 각 문형의 쓰임을 명확히 파악할 수 있습니다.
3. 앞에서 배운 문형을 다양한 예문으로 반복해서 따라 말함으로써, 문형의 쓰임을 실제 상황에서 자연스럽게 익힐 수 있습니다.

일상 회화문을 통해 말하기 실력을 키워요!

1. 실생활에서 자주 접하는 주제의 대화문으로 구성하여, 일본인의 표현 방식을 익히고 자연스러운 일본어를 구사할 수 있습니다.
2. 대화 내용과 관련된 추가 표현이나 한일 간의 문화 차이도 간략하게 소개했습니다.

연습 문제로 배운 내용을 복습해요!

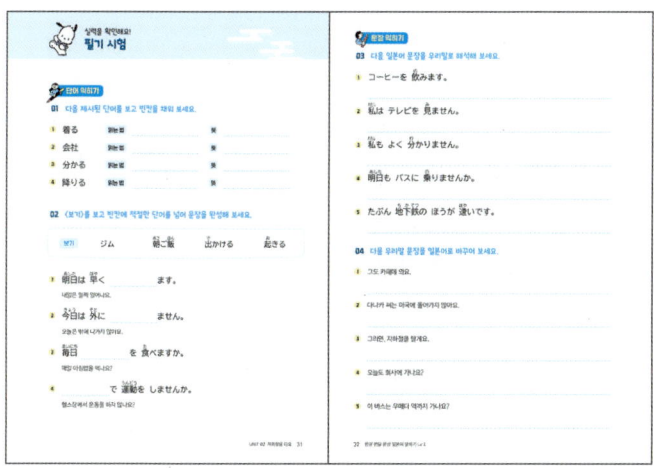

단어 쓰기 → 알맞은 단어 넣어 문장 완성하기 → 일본어 문장 우리말로 해석하기 → 우리말 문장 일본어로 작문하기로 구성된 4단계 연습 문제를 통해 배운 내용을 체계적으로 복습할 수 있습니다.

일러두기

1. 일본어 학습의 부담을 줄이기 위해 UNIT 01부터 UNIT 10까지 일본어에 한글 발음을 제시했습니다.
2. 일본어에는 원래 띄어쓰기가 없기 때문에, 입문자는 문장의 끊어 읽는 위치를 파악하기 어려울 수 있습니다.
이에 따라 일본어 문장 구조에 익숙해질 수 있도록 임의로 띄어쓰기를 적용했습니다.

학습에 도움을 주는 부가 자료

  +

01-20과 01-10과 11-20과
전체 음원 몰아보기 영상

MP3 및 문장 몰아보기 영상

✓ 원어민의 정확한 발음을 들으며 문장을 따라 말해 볼 수 있습니다. 음원은 시원스쿨일본어 홈페이지 > 학습지원센터 > 공부자료실에서 다운로드 받거나 매 과에 있는 QR 코드를 스캔하여 이용할 수 있습니다. 또한 언제, 어디서든 보고 듣고 따라 연습할 수 있도록 도서의 모든 문장을 담은 몰아보기 영상을 제공합니다.

일본어 문법표

✓ 명사·い형용사·な형용사·동사의 보통형과 정중형을 정리한 일본어 문법표를 한눈에 보기 쉽게 정리하였습니다.

동사 활용표

✓ 동사 기초 활용표를 통해 1그룹, 2그룹, 3그룹 동사와 예외 1그룹 동사의 활용 형태를 쉽게 파악할 수 있습니다.

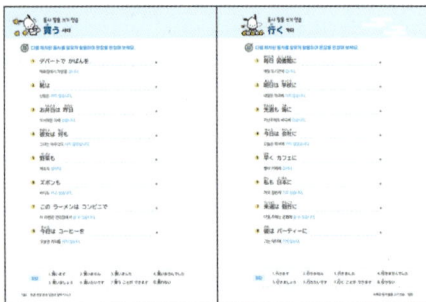

동사 활용 쓰기 연습

✓ 필수 동사를 다양한 방식으로 익히고 직접 써 보며, 동사 활용을 확실히 마스터할 수 있습니다.

30일 완성 학습 플래너

DAY	UNIT	제목	주요 학습 내용	학습 날짜
1일	01	パスタを食べる。 파스타를 먹어.	문형1 1그룹 동사 문형2 예외 1그룹, 2그룹, 3그룹 동사	___월 ___일
2일	02	地下鉄に乗ります。 지하철을 타요.	문형1 동사의 현재 긍정 표현[~ます] 문형2 동사의 현재 부정 표현[~ません]	___월 ___일
3일	03	買い物をしました。 쇼핑을 했어요.	문형1 동사의 과거 긍정 표현[~ました] 문형2 동사의 과거 부정 표현[~ませんでした]	___월 ___일
4일	04	カードが机の上にあります。 카드가 책상 위에 있어요.	문형1 ある (움직이지 않는 것이) 있다 문형2 위치 명사 に+ある	___월 ___일
5일	05	カフェの中にいます。 카페 안에 있어요.	문형1 いる (움직이는 것이) 있다 문형2 위치 명사 に+いる	___월 ___일
6일 7일		UNIT 01~05 복습		___월 ___일
8일	06	あのお店に入りましょう。 저 가게에 들어갑시다.	문형1 ~ましょう ~합시다 문형2 ~に します ~으로 하겠습니다	___월 ___일
9일	07	音楽を聞きながら運転します。 음악을 들으면서 운전해요.	문형1 ~ながら① ~하면서 문형2 ~ながら② ~하면서	___월 ___일
10일	08	本を借りに行きます。 책을 빌리러 가요.	문형1 ~に 行く ~하러 가다 문형2 ~に 来る ~하러 오다	___월 ___일
11일 12일		UNIT 06~08 복습		___월 ___일
13일	09	お土産を買いたいです。 기념품을 사고 싶어요.	문형1 ~たいです ~하고 싶습니다 문형2 ~たくありません ~하고 싶지 않습니다	___월 ___일
14일	10	このアプリは使いやすいです。 이 앱은 사용하기 편해요.	문형1 ~やすいです① ~하기 쉽습니다/편합니다 문형2 ~やすいです② ~하기 쉽습니다/편합니다	___월 ___일

30일 완성 학습 플래너 9

DAY	UNIT	제목	주요 학습 내용	학습 날짜
15일	11	漢字は覚えにくいです。 한자는 외우기 힘들어요.	문형1 ~にくいです ~하기 어렵습니다/힘듭니다 문형2 ~にくかったです 　　　 ~하기 어려웠습니다/힘들었습니다	___월 ___일
16일	12	ゲームをしすぎました。 게임을 너무 많이 했어요.	문형1 ~すぎます 너무 (많이) ~합니다 문형2 ~すぎて 너무 (많이) ~해서	___월 ___일
17일	13	景色がきれいに見えます。 경치가 예쁘게 보여요.	문형1 な형용사의 부사형 문형2 い형용사의 부사형	___월 ___일
18일 19일		UNIT 09~13 복습		___월 ___일
20일	14	海で泳ぐことができます。 바다에서 헤엄칠 수 있어요.	문형1 ~ことが できます ~할 수 있습니다 문형2 ~ことが できません ~할 수 없습니다	___월 ___일
21일	15	家でゆっくり休むつもりです。 집에서 느긋하게 쉴 생각이에요.	문형1 ~つもりです ~할 생각입니다 문형2 ~つもりでした ~할 생각이었습니다	___월 ___일
22일	16	ぜったいに買わない。 절대로 사지 않아.	문형1 동사의 현재 부정 표현[~ない] 문형2 동사의 부정 표현 강조 　　　 [ぜったいに ~ない]	___월 ___일
23일 24일		UNIT 14~16 복습		___월 ___일
25일	17	大きい声で話さないでください。 큰 목소리로 이야기하지 말아 주세요.	문형1 ~ないで ください ~하지 말아 주세요 문형2 명사 で+ないで ください 　　　 ~으로 ~하지 말아 주세요	___월 ___일
26일	18	謝らなくてもいいです。 사과하지 않아도 돼요.	문형1 ~なくても いいです ~하지 않아도 됩니다 문형2 本当に ~なくても いいですか 　　　 정말로 ~하지 않아도 됩니까?	___월 ___일
27일	19	お金を払わないといけません。 돈을 지불해야 해요.	문형1 ~ないと いけません ~해야 합니다 문형2 ~とき+ないと いけません 　　　 ~할 때 ~해야 합니다	___월 ___일
28일	20	風邪ですから、休みます。 감기이기 때문에 쉬어요.	문형1 문장+から ~이기 때문에 문형2 じつは 문장+から 사실은 ~이기 때문입니다	___월 ___일
29일 30일		UNIT 17~20 복습		___월 ___일

UNIT 01 パスタを 食べる。
파스타오 타베루
파스타를 먹어.

 그림을 보면서 오늘 배울 내용을 추측해 보세요.

パスタを 食べる。
파스타오 타베루
파스타를 먹어.

 오늘 배울 단어를 듣고 따라 읽어 보세요.

TRACK 01-01

食(た)べる 먹다	に ~에	学校(がっこう) 학교	行(い)く 가다	席(せき) 자리
戻(もど)る 되돌아가다	学(まな)ぶ 배우다	音楽(おんがく) 음악	聞(き)く 듣다	うん 응[승낙·긍정 등을 나타내는 말]
読(よ)む 읽다	新聞(しんぶん) 신문	買(か)う 사다	すいか 수박	売(う)る 팔다
書(か)く 쓰다	手紙(てがみ) 편지	で ~에서	グラウンド 운동장	走(はし)る 달리다
外(そと) 밖	見(み)る 보다	する 하다	昼(ひる)ご飯(はん) 점심밥	もう 벌써
家(いえ) 집	帰(かえ)る 돌아가다, 돌아오다	教(おし)える 가르치다	両親(りょうしん) 부모님	来(く)る 오다

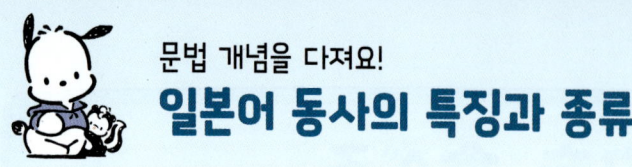

문법 개념을 다져요!
일본어 동사의 특징과 종류

1. 일본어 동사의 특징

일본어 동사는 마지막 글자가 う단으로 끝나며, 동사의 형태에 따라 1그룹 동사, 2그룹 동사, 3그룹 동사 세 가지로 나눌 수 있습니다. 또한 현재형과 미래형의 형태가 동일합니다.

2. 동사의 종류

1) 1그룹 동사

❶ 마지막 글자가 う단 중 「う・く・ぐ・す・つ・ぬ・ぶ・む」로 끝나는 동사를 말합니다.

う단	う	く	ぐ	す	つ	ぬ	ぶ	む

~う	~く	~ぐ	~す
会う あ 아 우 만나다	行く い 이 쿠 가다	泳ぐ およ 오요 구 헤엄치다, 수영하다	話す はな 하나 스 이야기하다

~つ	~ぬ	~ぶ	~む
待つ ま 마 츠 기다리다	死ぬ し 시 누 죽다	遊ぶ あそ 아소 부 놀다	飲む の 노 무 마시다

* う단: 모음이 'ㅜ'인 단

❷ 마지막 글자가 「る」로 끝나고, 바로 앞 글자가 あ단・う단・お단인 동사를 말합니다.

あ단 + る	う단 + る	お단 + る
始まる はじ 하지 마 루 시작되다	作る つく 츠쿠 루 만들다	乗る の 노 루 타다

* あ단: 모음이 'ㅏ'인 단 / う단: 모음이 'ㅜ'인 단 / お단: 모음이 'ㅗ'인 단

2) 예외 1그룹 동사

2그룹 동사와 동일한 형태이지만 1그룹 동사이므로 활용할 때는 1그룹 동사처럼 활용합니다. 마지막 글자가 「る」로 끝나지만, 「る」의 앞 글자가 い단·え단인 동사를 말합니다.

い단 + る	え단 + る
走る はし 하시 루 달리다	帰る かえ 카에 루 돌아가다, 돌아오다

* い단: 모음이 'ㅣ'인 단 / え단: 모음이 'ㅔ'인 단

3) 2그룹 동사

마지막 글자가 「る」로 끝나며, 바로 앞 글자가 い단·え단인 동사를 말합니다.

い단 + る	え단 + る
見る み 미 루 보다	食べる た 타 베 루 먹다

4) 3그룹 동사

3그룹에는 다음의 두 가지 동사가 있습니다. 이 두 가지 동사는 규칙이 없으므로 암기해야 합니다.

する 스 루 하다	来る く 쿠 루 오다

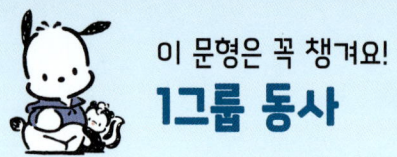

이 문형은 꼭 챙겨요!
1그룹 동사

 **STEP 1**　기본 문형 익히기

TRACK 01-02

| 명사 + に | + | 1그룹 동사 | ~에 ~하다 |
| 명사 + を | + | 1그룹 동사 | ~을/를 ~하다 |

がっこう 学校に 각 코-니 학교에	+	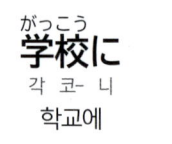　い 行く。 이 쿠 가다.
せき 席に 세키 니 자리에	+	　もど 戻る。 모도 루 되돌아가다.
に ほん ご 日本語を 니홍고오 일본어를	+	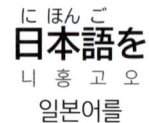　まな 学ぶ。 마나 부 배우다.
おんがく 音楽を 옹 가쿠 오 음악을	+	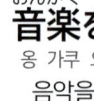　き 聞く。 키 쿠 듣다.

 **A-B 대화문 듣고 따라 말하기**

A 明日 学校に 行く?
あした がっこう い
아시타 각코-니 이쿠
내일 학교에 가?

B うん、行く。
い
응 이쿠
응, 가.

 **다양한 문장 직접 말하기**

Q 何を 読む?
なに よ
나니오 요무
무엇을 읽어?

A 新聞を 読む。
しんぶん よ
심붕오 요무
신문을 읽어.

Q 무엇을 사?
何を 買う?
なに か
나니오 카우

A 수박을 사.
すいかを 買う。
か
스이카오 카우

Q 무엇을 팔아?
何を 売る?
なに う
나니오 우루

A 파스타를 팔아.
パスタを 売る。
う
파스타오 우루

Q 무엇을 써?
何を 書く?
なに か
나니오 카쿠

A 편지를 써.
手紙を 書く。
て がみ か
테가미오 카쿠

# 이 문형은 꼭 챙겨요!
예외 1그룹 동사, 2그룹 동사, 3그룹 동사

 **STEP 1**　기본 문형 익히기

TRACK 01-03

| 명사 + で | + | 예외 1그룹, 2그룹, 3그룹 동사 | ~에서 ~하다 |
| 명사 + を | + | 예외 1그룹, 2그룹, 3그룹 동사 | ~을/를 ~하다 |

グラウンドで
구 라 운 도 데
운동장에서

+

はし
走る。
하시 루
달리다.

そと
外で
소토 데
밖에서

+

た
食べる。
타 베 루
먹다.

えい が
映画を
에- 가 오
영화를

+

み
見る。
미 루
보다.

うんどう
運動を
운도- 오
운동을

+

する。
스 루
하다.

STEP 2 A-B 대화문 듣고 따라 말하기

A 昼ご飯は どこで 食べる？
히루 고 항 와 도 코 데 타 베 루
점심밥은 어디에서 먹어?

B 外で 食べる。
소토 데 타 베 루
밖에서 먹어.

STEP 3 다양한 문장 직접 말하기

Q もう 家に 帰る？
모 - 이에 니 카에 루
벌써 집에 돌아가?

A うん、帰る。
웅   카에 루
응, 돌아가.

Q 학교에서 무엇을 가르쳐?
学校で 何を 教える？
각 코- 데 나니오 오시 에 루

A 일본어를 가르쳐.
日本語を 教える。
니 홍 고 오 오시 에 루

Q 어디에서 숙제를 해?
どこで 宿題を する？
도 코 데 슈쿠다이 오   스 루

A 도서관에서 해.
図書館で する。
토 쇼 칸 데 스 루

Q 내일 부모님이 와?
明日 両親が 来る？
아시타 료- 싱 가 쿠 루

A 응, 내일 와.
うん、明日 来る。
웅   아시타 쿠 루

UNIT 01 파스타를 먹어. 17

직접 말해요!
실전 회화

 실전처럼 연습하기

TRACK 01-04

남동생	ランチは 何を 食べる？
	란 치 와 나니 오 타 베 루
최지아	家で パスタを 食べるよ。
	이에 데 파 스 타 오 타 베 루 요
남동생	一人で？
	히토리 데
최지아	ううん、友だちと 一緒に 食べるよ。
	우 웅 토모 다 치 토 잇 쇼 니 타 베 루 요

TIP 일본어에서 동사 마지막 글자 뒤에 「よ」를 붙이면 상대방이 모르는 정보를 알려주는 듯한 뉘앙스가 됩니다.
ラーメンを 食べるよ。 라멘을 먹을거야.(라멘을 먹는다고 알려주는 뉘앙스)

남동생	점심은 무엇을 먹어?
최지아	집에서 파스타를 먹을 거야.
남동생	혼자서?
최지아	아니, 친구와 같이 먹을 거야.

새 단어

ランチ 점심, 런치 | 一人で 혼자서 | ううん 아니[부정을 나타내는 말] | 一緒に 같이

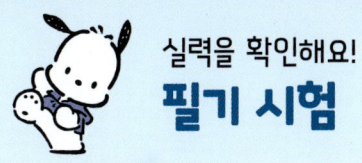

실력을 확인해요!
필기 시험

 단어 익히기

01 다음 제시된 단어를 보고 빈칸을 채워 보세요.

1. 会う 읽는법 _____ 그룹 _____
2. 見る 읽는법 _____ 그룹 _____
3. 行く 읽는법 _____ 그룹 _____
4. 来る 읽는법 _____ 그룹 _____

02 〈보기〉를 보고 빈칸에 적절한 단어를 넣어 문장을 완성해 보세요.

| 보기 | する | 食(た)べる | 読(よ)む | 書(か)く |

1. 新聞(しんぶん)を _____ 。
   신문을 읽어.

2. 手紙(てがみ)を _____ 。
   편지를 써.

3. どこで 宿題(しゅくだい)を _____ ?
   어디에서 숙제를 해?

4. ランチは 何(なに)を _____ ?
   점심은 무엇을 먹어?

UNIT 01 파스타를 먹어. 19

 **문장 익히기**

03 다음 일본어 문장을 우리말로 해석해 보세요.

1. すいかを 買う。

2. パスタを 売る。

3. 学校で 日本語を 教える。

4. 昼ご飯は 外で 食べる。

5. もう 家に 帰る？

04 다음 우리말 문장을 일본어로 바꾸어 보세요.

1. 나는 음악을 들어.

2. 내일 학교에 가.

3. 친구와 같이 숙제를 해.

4. 무엇을 팔아?

5. 내일 부모님이 와?

UNIT 02 地下鉄に 乗ります。
ちかてつに のります
지하철을 타요.

그림을 보면서 오늘 배울 내용을 추측해 보세요.

地下鉄に 乗ります。
치카테츠니 노리마스
지하철을 타요.

지옥철…

오늘 배울 단어를 듣고 따라 읽어 보세요.

TRACK 02-01

ちかてつ 地下鉄 지하철	の 乗る 타다	ます ~합니다	き 着る 입다	かいしゃ 会社 회사
まいにち 毎日 매일	あさ はん 朝ご飯 아침밥	はや 早く 일찍	お 起きる 일어나다	ません ~하지 않습니다
お 降りる 내리다	で 出かける 나가다, 외출하다	アメリカ 미국	テレビ 텔레비전	ジム 헬스장

이 문형은 꼭 챙겨요!
~ます ~합니다 [동사의 현재 긍정 표현]

1. ます [동사의 현재 긍정 표현]

일본어의 동사는 존댓말을 만들 때 「ます」를 붙여 '~합니다, ~습니다'라고 표현합니다. 「ます」는 '~합니다, ~습니다' 외에도 '~할 겁니다, ~하겠습니다'와 같은 미래의 뉘앙스도 포함하고 있습니다. 또한 동사 1, 2, 3 그룹에 따라 「ます」를 붙이는 방법이 달라집니다.

2. 동사+ます

1) 1그룹 동사+ます

동사의 마지막 글자인 う단을 い단으로 바꾸고 「ます」를 붙입니다.

2) 예외 1그룹 동사 + ます

2그룹 동사와 동일한 형태이지만 1그룹 동사이므로 활용할 때는 1그룹 동사처럼 활용합니다. 어미 「る」를 い단으로 바꾸고 「ます」를 붙입니다.

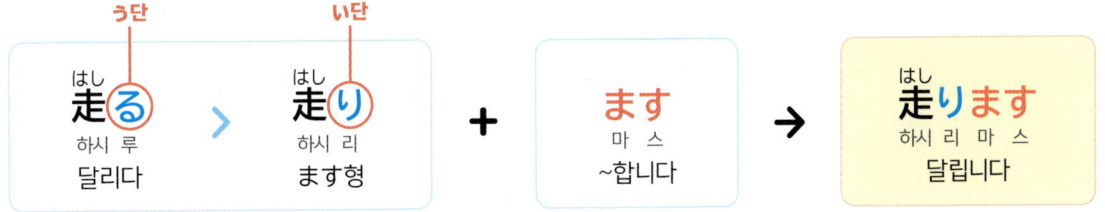

3) 2그룹 동사 + ます

동사의 마지막 글자인 「る」를 없애고 「ます」를 붙입니다.

4) 3그룹 동사 + ます

3그룹 동사는 불규칙하므로 외워야 합니다.

이 문형은 꼭 챙겨요!
~ます ~합니다 [동사의 현재 긍정 표현]

STEP 1   기본 문형 익히기

TRACK 02-02

동사 ます형 + ます ~해요

行く 이 쿠 가다	**行きます。** 이 키 마 스 가요.
帰る 카에 루 돌아가다, 돌아오다	**帰ります。** 카에 리 마 스 돌아가요, 돌아와요.
着る 키 루 입다	**着ます。** 키 마 스 입어요.
する 스 루 하다	**します。** 시 마 스 해요.

가운데: **ます** 마 스 ~(해)요

❶ 1그룹 동사는 う단을 い단으로 바꾸고 「ます」를 붙입니다.
❷ 2그룹 동사는 끝 글자 「る」를 없애고 「ます」를 붙입니다.
❸ 3그룹 동사는 불규칙하므로 통째로 외워야 합니다.
❹ 「ます」 뒤에 「か」를 붙이면 '~합니까?'라는 의미를 나타냅니다.

STEP 2   A-B 대화문 듣고 따라 말하기

A 今日も 会社に 行きますか。
쿄- 모 카이샤니 이키마스까
오늘도 회사에 가나요?

B はい、今日も 会社に 行きます。
하이 쿄- 모 카이샤니 이키마스
네, 오늘도 회사에 가요.

STEP 3   다양한 문장 직접 말하기

Q 毎日 朝ご飯を 食べますか。
마이니치 아사고항오 타베마스까
매일 아침밥을 먹나요?

A はい、毎日 朝ご飯を 食べます。
하이 마이니치 아사고항오 타베마스
네, 매일 아침밥을 먹어요.

Q 기무라 씨는 커피를 마시나요?
木村さんは コーヒーを
키무라 상 와 코-히-오
飲みますか。
노미마스까

A 네, 커피를 마셔요.
はい、コーヒーを 飲みます。
하이 코-히-오 노미마스

Q 내일은 일찍 일어나나요?
明日は 早く 起きますか。
아시타 와 하야쿠 오키마스까

A 네, 내일은 일찍 일어나요.
はい、明日は 早く 起きます。
하이 아시타 와 하야쿠 오키마스

Q 그도 카페에 오나요?
彼も カフェに 来ますか。
카레모 카훼니 키마스까

A 네, 그도 카페에 와요.
はい、彼も カフェに 来ます。
하이 카레모 카훼니 키마스

문법 개념을 다져요!
~ません ~하지 않습니다 [동사의 현재 부정 표현]

1. ません [동사의 현재 부정 표현]

앞에서 배운 ます형 뒤에 「ます」 대신 「ません」을 붙이면 동사의 정중한 현재 부정 표현이 되며, '~하지 않습니다'라는 의미를 나타냅니다.

2. 동사+ません

1) 1그룹 동사+ません

동사의 마지막 글자인 う단을 い단으로 바꾸고 「ません」을 붙입니다.

2) 예외 1그룹 동사+ません

2그룹 동사와 동일한 형태이지만 1그룹 동사이므로 활용할 때는 1그룹 동사처럼 활용합니다. 동사의 마지막 글자인 어미 「る」를 い단으로 바꾸고 「ません」을 붙입니다.

3) 2그룹 동사+ません

동사의 마지막 글자인 「る」를 없애고 「ません」을 붙입니다.

4) 3그룹 동사+ません

3그룹 동사는 불규칙하므로 외워야 합니다.

이 문형은 꼭 챙겨요!
~ません ~하지 않습니다 [동사의 현재 부정 표현]

 기본 문형 익히기

TRACK 02-03

동사 ます형 + ません ~하지 않아요

のる
乗る
노 루
타다
→ 乗りません。
노리마셍
타지 않아요.

はしる
走る
하시 루
달리다
→ 走りません。
하시리마셍
달리지 않아요.

+ ません
마 셍
~(하)지 않아요

おりる
降りる
오리루
내리다
→ 降りません。
오리마셍
내리지 않아요.

くる
来る
쿠 루
오다
→ 来ません。
키마셍
오지 않아요.

❶ 1그룹 동사는 う단을 い단으로 바꾸고 「ません」을 붙입니다.
❷ 2그룹 동사는 끝 글자 「る」를 없애고 「ません」을 붙입니다.
❸ 3그룹 동사는 불규칙하므로 통째로 외워야 합니다.
❹ 「ません」 뒤에 「か」를 붙이면 '~하지 않습니까?'라는 의미를 나타냅니다.

 **STEP 2** A-B 대화문 듣고 따라 말하기

A 明日も バスに 乗りませんか。
아시타 모 바스니 노리마 셍 까
내일도 버스를 타지 않나요?

B はい、明日も バスに 乗りません。
하 이 아시타 모 바스니 노리마 셍
네, 내일도 버스를 타지 않아요.

TIP '~을/를 타다'라고 할 때는 「を乗る」가 아닌 「に乗る」라고 해야 합니다.

 **STEP 3** 다양한 문장 직접 말하기

Q 今日は 外に 出かけませんか。
쿄- 와 소토니 데카케마 셍 까
오늘은 밖에 나가지 않나요?

A はい、今日は 外に 出かけません。
하 이   쿄- 와 소토니 데카케마 셍
네, 오늘은 밖에 나가지 않아요.

Q 다나카 씨는 미국에 돌아가지 않나요?
田中さんは アメリカに
타나카 상 와 아메리카니
帰りませんか。
카에리마 셍 까

A 네, 다나카 씨는 미국에 돌아가지 않아요.
はい、田中さんは アメリカに
하 이 타나카 상 와 아메리카니
帰りません。
카에리마 셍

Q 텔레비전을 보지 않나요?
テレビを 見ませんか。
테레비오 미마 셍 까

A 네, 저는 텔레비전을 보지 않아요.
はい、私は テレビを 見ません。
하 이 와타시와 테레비오 미마 셍

Q 헬스장에서 운동을 하지 않나요?
ジムで 運動を しませんか。
지무데 운도- 오 시마 셍 까

A 네, 헬스장에서 운동을 하지 않아요.
はい、ジムで 運動を しません。
하 이   지무데 운도- 오 시마 셍

UNIT 02 지하철을 타요. 29

직접 말해요!
실전 회화

STEP 4　실전처럼 연습하기

TRACK 02-04

김태오 この バスは うめだ駅まで 行きますか。
코 노 바스와 우메다에키마데 이키마스까

다나카 あ、私も よく 分かりません。
아 와타시모 요쿠 와카리마셍

김태오 じゃあ、地下鉄に 乗ります。
쟈 - 치카테츠니 노리마스

다나카 たぶん 地下鉄の ほうが 速いです。
타 붕 치카테츠노 호 - 가 하야이데스

TIP 「よく」는 '잘' 이라는 의미 외에 '자주'라는 의미로도 많이 사용됩니다.
　　 ラーメンを よく 食べます。 라멘을 자주 먹어요.

김태오 이 버스는 우메다 역까지 가나요?
다나카 아, 저도 잘 몰라요.
김태오 그러면, 지하철을 탈게요.
다나카 아마 지하철 쪽이 빨라요.

📌 새 단어

うめだ 우메다[지명] ｜ まで ~까지 ｜ よく 잘, 자주 ｜ 分かる 알다, 이해하다 ｜ たぶん 아마

실력을 확인해요! 필기 시험

단어 익히기

01 다음 제시된 단어를 보고 빈칸을 채워 보세요.

1. 着る   읽는 법 _____   뜻 _____
2. 会社   읽는 법 _____   뜻 _____
3. 分かる   읽는 법 _____   뜻 _____
4. 降りる   읽는 법 _____   뜻 _____

02 〈보기〉를 보고 빈칸에 적절한 단어를 넣어 문장을 완성해 보세요.

보기	ジム　　朝ご飯　　出かける　　起きる

1. 明日は 早く _____ ます。
   내일은 일찍 일어나요.

2. 今日は 外に _____ ません。
   오늘은 밖에 나가지 않아요.

3. 毎日 _____ を 食べますか。
   매일 아침밥을 먹나요?

4. _____ で 運動を しませんか。
   헬스장에서 운동을 하지 않나요?

 **문장 익히기**

03 다음 일본어 문장을 우리말로 해석해 보세요.

① コーヒーを 飲みます。

② 私は テレビを 見ません。

③ 私も よく 分かりません。

④ 明日も バスに 乗りませんか。

⑤ たぶん 地下鉄の ほうが 速いです。

04 다음 우리말 문장을 일본어로 바꾸어 보세요.

① 그도 카페에 와요.

② 다나카 씨는 미국에 돌아가지 않아요.

③ 그러면, 지하철을 탈게요.

④ 오늘도 회사에 가나요?

⑤ 이 버스는 우메다 역까지 가나요?

UNIT 03 買い物を しました。
카이모노오 시마시타
쇼핑을 했어요.

그림을 보면서 오늘 배울 내용을 추측해 보세요.

買い物を しました。
카이모노오 시마시타
쇼핑을 했어요.

오늘 배울 단어를 듣고 따라 읽어 보세요.

TRACK 03-01

買い物 쇼핑	入る 들어가다	お酒 술	日本 일본	着物 기모노[일본 전통 의상]
出す 내다, 제출하다	週末 주말	勉強 공부	切る 자르다	デパート 백화점
何も 아무것도	だれも 아무도	ドア 문	開ける 열다	メール 메일
送る 보내다	まだ 아직	借りる 빌리다		

UNIT 03 쇼핑을 했어요. 33

이 문형은 꼭 챙겨요!
~ました ~했습니다 [동사의 과거 긍정 표현]

STEP 1 기본 문형 익히기

TRACK 03-02

동사 ます형 + ました ~했어요

の 飲む 노무 마시다			の 飲みました。 노미마시타 마셨어요.
はい 入る 하이루 들어가다			はい 入りました。 하이리마시타 들어갔어요.
おし 教える 오시에루 가르치다	+	ました 마시타 ~했어요 →	おし 教えました。 오시에마시타 가르쳤어요.
する 스루 하다			しました。 시마시타 했어요.

❶ ます형 뒤에 「ます」 대신 「ました」를 붙이면 '~했습니다'라는 뜻이 됩니다.

❷ 「ました」 뒤에 「か」를 붙이면 '~했습니까?'라는 의미를 나타냅니다.

 **STEP 2**　A-B 대화문 듣고 따라 말하기

A 昨日、お酒を 飲みましたか。
키노- 오사케오 노미마시타 까
어제, 술을 마셨나요?

B はい、昨日、お酒を 飲みました。
하이 키노- 오사케오 노미마시타
네, 어제, 술을 마셨어요.

 **STEP 3**　다양한 문장 직접 말하기

Q 日本で 着物を 着ましたか。
니혼데 키모노오 키마시타까
일본에서 기모노를 입었나요?

A はい、日本で 着物を 着ました。
하이 니혼데 키모노오 키마시타
네, 일본에서 기모노를 입었어요.

Q 그는 숙제를 냈나요?
彼は 宿題を 出しましたか。
카레와 슈쿠다이오 다시마시타까

A 네, 그는 숙제를 냈어요.
はい、彼は 宿題を 出しました。
하이 카레와 슈쿠다이오 다시마시타

Q 이 영화를 봤나요?
この 映画を 見ましたか。
코노 에-가오 미마시타까

A 네, 이 영화는 봤어요.
はい、この 映画は 見ました。
하이 코노 에-가와 미마시타

Q 주말에, 무엇을 했나요?
週末、何を しましたか。
슈-마츠 나니오 시마시타까

A 도서관에서 공부를 했어요.
図書館で 勉強を しました。
토쇼칸데 벵쿄-오 시마시타

이 문형은 꼭 챙겨요!
~ませんでした ~하지 않았습니다[동사의 과거 부정 표현]

 **STEP 1**　기본 문형 익히기

TRACK 03-03

동사 ます형 + ませんでした　~하지 않았어요

買う 카우 / 사다	+ ませんでした 마센데시타 ~(하)지 않았어요 →	買いませんでした。 카이마센데시타 / 사지 않았어요.
切る 키루 / 자르다		切りませんでした。 키리마센데시타 / 자르지 않았어요.
食べる 타베루 / 먹다		食べませんでした。 타베마센데시타 / 먹지 않았어요.
来る 쿠루 / 오다		来ませんでした。 키마센데시타 / 오지 않았어요.

❶ ます형 뒤에 「ます」 대신 「ませんでした」를 붙이면 '~하지 않았습니다'라는 뜻이 됩니다.
❷ 「ませんでした」 뒤에 「か」를 붙이면 '~하지 않았습니까?'라는 의미를 나타냅니다.

 **STEP 2** A-B 대화문 듣고 따라 말하기

A デパートで 何も 買いませんでしたか。
데 파 - 토 데 나니모 카 이 마 센 데 시 타 까
백화점에서 아무것도 사지 않았어요?

B デパートで 何も 買いませんでした。
데 파 - 토 데 나니모 카 이 마 센 데 시 타
백화점에서 아무것도 사지 않았어요.

 **STEP 3** 다양한 문장 직접 말하기

Q だれも ドアを 開けませんでしたか。
다 레 모 도 아 오 아 케 마 센 데 시 타 까
아무도 문을 열지 않았어요?

A だれも ドアを 開けませんでした。
다 레 모 도 아 오 아 케 마 센 데 시 타
아무도 문을 열지 않았어요.

Q 어제, 메일을 보내지 않았어요?
昨日、メールを 送りませんでしたか。
키노- 메 - 루 오 오쿠리 마 센 데 시 타 까

A 네, 아직 메일을 보내지 않았어요.
はい、まだ メールを 送りません
하 이 마 다 메 - 루 오 오쿠리 마 센
でした。
데 시 타

Q 도서관에서 책을 빌리지 않았어요?
図書館で 本を 借りませんでしたか。
토 쇼 칸 데 홍 오 카 리 마 센 데 시 타 까

A 네, 아무것도 빌리지 않았어요.
はい、何も 借りませんでした。
하 이 나니모 카 리 마 센 데 시 타

Q 그녀는 수업에 오지 않았어요?
彼女は 授業に 来ませんでしたか。
카노죠 와 쥬교니 키 마 센 데 시 타 까

A 네, 그녀는 수업에 오지 않았어요.
はい、彼女は 授業に 来ません
하 이 카노죠 와 쥬교니 키 마 센
でした。
데 시 타

직접 말해요!
실전 회화

 **STEP 4** 실전처럼 연습하기

TRACK 03-04

최지아: 昨日、二人で 買い物を しました。
키노- 후타리 데 카이모노 오 시마시타

스즈키: いいですね！何を 買いましたか。
이-데스네 나니오 카이마시타까

최지아: 私は シャツと ズボンを 買いました。
와타시와 샤츠토 즈봉오 카이마시타

다나카: 私は 何も 買いませんでした。
와타시와 나니모 카이마센데시타

TIP 일본어로 바지는 「ズボン」, 청바지는 「ジーパン」이라고 합니다. 「ズボン 즈봉」은 프랑스어 'jupon'에서, 「ジーパン 지-팡」은 영어 'jeans'와 'pants'에서 온 외래어이기 때문에 가타카나로 표기하는 것이 일반적입니다.

최지아: 어제, 둘이서 쇼핑을 했어요.

스즈키: 좋네요! 무엇을 샀나요?

최지아: 저는 셔츠와 바지를 샀어요.

다나카: 저는 아무것도 사지 않았어요.

 새 단어

二人で 둘이서 | シャツ 셔츠

실력을 확인해요! 필기 시험

단어 익히기

01 다음 제시된 단어를 보고 빈칸을 채워 보세요.

1. 쇼핑   한자 _____   히라가나 _____
2. 주말   한자 _____   히라가나 _____
3. 보내다 한자 _____   히라가나 _____
4. 빌리다 한자 _____   히라가나 _____

02 〈보기〉를 보고 빈칸에 적절한 단어를 넣어 문장을 완성해 보세요.

| 보기 | べんきょう
勉強 | だ
出す | あ
開ける | じゅぎょう
授業 |

1. としょかん
図書館で _____ を しました。
   도서관에서 공부를 했어요.

2. だれも ドアを _____ ませんでした。
   아무도 문을 열지 않았어요.

3. かれ
彼は しゅくだい
宿題を _____ ましたか。
   그는 숙제를 냈나요?

4. かのじょ
彼女は _____ に き
来ませんでしたか。
   그녀는 수업에 오지 않았어요?

UNIT 03 쇼핑을 했어요. 39

 **문장 익히기**

03 다음 일본어 문장을 우리말로 해석해 보세요.

① 彼は 手紙を 書きました。

② 本を 何も 借りませんでした。

③ 昨日、お酒を 飲みましたか。

④ まだ メールを 送りませんでしたか。

⑤ 私は シャツと ズボンを 買いました。

04 다음 우리말 문장을 일본어로 바꾸어 보세요.

① 이 영화는 봤어요.

② 그녀는 파티에 오지 않았어요.

③ 백화점에서 아무것도 사지 않았어요.

④ 일본에서 기모노를 입었나요?

⑤ 어제, 둘이서 쇼핑을 했어요.

UNIT 04 カードが 机の 上に あります。
카-도가 츠쿠에노 우에니 아리마스
카드가 책상 위에 있어요.

🤔 **그림을 보면서 오늘 배울 내용을 추측해 보세요.**

> カードが 机の 上に あります。
> 카-도가 츠쿠에노 우에니 아리마스
> 카드가 책상 위에 있어요.

 오늘 배울 단어를 듣고 따라 읽어 보세요.

TRACK 04-01

カード 카드	つくえ 机 책상	の ~의	うえ 上 위	ある (움직이지 않는 것이) 있다
ばこ ゴミ箱 쓰레기통	ペンケース 필통	ボールペン 볼펜	にわ 庭 정원	き 木 나무
はこ 箱 상자	チョコレート 초콜릿	れいぞうこ 冷蔵庫 냉장고	たまご 卵 계란	ノート 노트
えんぴつ 鉛筆 연필	テーブル 테이블	コップ 컵	ピアノ 피아노	した 下 아래
はな 花 꽃	かみ 紙 종이	たな 棚 선반	かぎ 鍵 열쇠	かさ 傘 우산
ベンチ 벤치	ベッド 침대	スリッパ 슬리퍼		

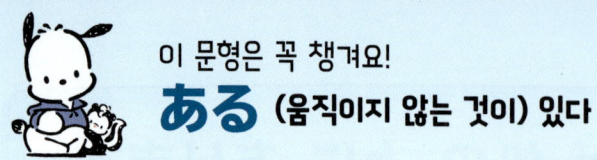

이 문형은 꼭 챙겨요!
ある (움직이지 않는 것이) 있다

 **STEP 1** 기본 문형 익히기

TRACK 04-02

| 명사 が | + | あります | ~이/가 있어요 |

カードが
카 ― 도 가
카드가

スマホが
스 마 호 가
스마트폰이

財布が
사이 후 가
지갑이

ゴミ箱が
고 미 바코 가
쓰레기통이

+

あります。
아 리 마 스
있어요.

ありません。
아 리 마 셍
없어요.

ありました。
아 리 마 시 타
있었어요.

ありませんでした。
아 리 마 셴 데 시 타
없었어요.

❶ 「ある」는 사물, 식물, 개념 등과 같이 자신의 의지로 움직일 수 없는 존재를 나타낼 때 쓰는 표현입니다.

❷ 「ある」는 마지막 글자 「る」를 い단으로 바꾸고 「ません」을 붙여서 「ありません」을 만들면 '없습니다'라는 의미가 됩니다.

❸ 「ある」는 마지막 글자 「る」를 い단으로 바꾸고 「ました」를 붙여서 「ありました」를 만들면 '있었습니다'라는 의미가 됩니다.

❹ 「ある」는 마지막 글자 「る」를 い단으로 바꾸고 「ませんでした」를 붙여서 「ありませんでした」를 만들면 '없었습니다'라는 의미가 됩니다.

 **STEP 2**　　A-B 대화문 듣고 따라 말하기

A 机に 何が あります か。
츠쿠에니 나니가 아리마스까
책상에 무엇이 있나요?

B 机に カードが あります。
츠쿠에니 카-도가 아리마스
책상에 카드가 있어요.

 **STEP 3**　　다양한 문장 직접 말하기

Q ペンケースに ボールペンが ありませんか。
펭케-스니 보-루펭가 아리마셍까
필통에 볼펜이 없나요?

A ペンケースに ボールペンが ありません。
펭케-스니 보-루펭가 아리마셍
필통에 볼펜이 없어요.

Q 정원에 나무가 있나요?
庭に 木が ありますか。
니와니 키가 아리마스까

A 정원에 나무가 있어요.
庭に 木が あります。
니와니 키가 아리마스

Q 상자에 무엇이 있었나요?
箱に 何が ありましたか。
하코니 나니가 아리마시타까

A 상자에 초콜릿이 있었어요.
箱に チョコレートが ありました。
하코니 쵸코레-토가 아리마시타

Q 냉장고에 계란이 없었나요?
冷蔵庫に 卵が ありませんでしたか。
레-조-코니 타마고가 아리마셍 데시타까

A 냉장고에 계란이 없었어요.
冷蔵庫に 卵が ありませんでした。
레-조-코니 타마고가 아리마셍 데시타

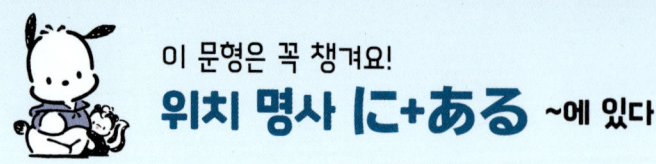

이 문형은 꼭 챙겨요!

위치 명사 に+ある ~에 있다

TRACK 04-03

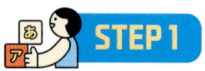

STEP 1 기본 문형 익히기

명사の 명사に + 명사が + あります ~의 ~에 ~이/가 있어요

ノートの 上(うえ)に 노 - 토 노 우에 니 노트(의) 위에	+	鉛筆(えんぴつ)が 엠 피츠 가 연필이	+	あります。 아 리 마 스 있어요.
テーブルの 上(うえ)に 테 - 부 루 노 우에 니 테이블(의) 위에		コップが 콥 푸 가 컵이		ありません。 아 리 마 셍 없어요.
ピアノの 下(した)に 피 아 노 노 시타 니 피아노(의) 아래에		花(はな)が 하나가 꽃이		ありました。 아 리 마 시 타 있었어요.
本(ほん)の 下(した)に 혼 노 시타 니 책(의) 아래에		紙(かみ)が 카미 가 종이가		ありませんでした。 아 리 마 센 데 시 타 없었어요.

1 일본어에서는 명사와 명사 단어를 붙여서 말할 때 중간에 '~의'라는 의미를 나타내는 조사 「の」를 넣는 것이 일반적입니다. 이때는 「の」를 해석하지 않고 생략하는 것이 자연스럽습니다.

日本語(にほんご)の 先生(せんせい) 일본어 선생님

 **A-B 대화문 듣고 따라 말하기**

A ノートの 上に 何が ありますか。
노-토노 우에니 나니가 아리마스까
노트 위에 무엇이 있나요?

B ノートの 上に 鉛筆が あります。
노-토노 우에니 엠피츠가 아리마스
노트 위에 연필이 있어요.

 **다양한 문장 직접 말하기**

Q 棚の 上に 鍵が ありませんか。
타나노 우에니 카기가 아리마셍까
선반 위에 열쇠가 없나요?

A 棚の 上に 鍵が ありません。
타나노 우에니 카기가 아리마셍
선반 위에 열쇠가 없어요.

Q 가방 위에 우산이 있나요?
かばんの 上に 傘が ありますか。
카방노 우에니 카사가 아리마스까

A 가방 위에 우산이 있어요.
かばんの 上に 傘が あります。
카방노 우에니 카사가 아리마스

Q 나무 아래에 벤치가 있었나요?
木の 下に ベンチが ありましたか。
키노 시타니 벤치가 아리마시타까

A 나무 아래에 벤치가 있었어요.
木の 下に ベンチが ありました。
키노 시타니 벤치가 아리마시타

Q 침대 아래에 슬리퍼가 없었나요?
ベッドの 下に スリッパが
벳도노 시타니 스립파가
ありませんでしたか。
아리마셍데시타까

A 침대 아래에 슬리퍼가 없었어요.
ベッドの 下に スリッパが
벳도노 시타니 스립파가
ありませんでした。
아리마셍데시타

UNIT 04 카드가 책상 위에 있어요. 45

직접 말해요!
실전 회화

STEP 4 실전처럼 연습하기

TRACK 04-04

김태모 この 近くに 温泉は ありますか。
코 노 치카 쿠니 온셍와 아리마스까

다나카 はい、山の 上に ありますよ。とても 有名です。
하 이 야마노 우에니 아리마스요 토테모 유-메-데스

김태모 そうなんですね。
소 - 난 데스네

다나카 ちょっと 遠いですが、バスが ありますよ。
춋 토 토-이데스가 바스가 아리마스요

TIP 「そうなんですね」는 '그렇군요, 그렇구나'라는 의미로 처음 듣는 정보나 새로운 사실에 대해 놀람의 뉘앙스를 나타내는 표현이며 약간 캐주얼한 느낌이 있습니다. 반면「そうですね」는 '그렇네요, 그렇죠'라는 의미로 상대방의 말에 단순히 공감하거나 동의할 때 사용합니다.

김태모 이 근처에 온천은 있나요?
다나카 네, 산 위에 있어요. 아주 유명해요.
김태모 그렇군요.
다나카 조금 멀지만, 버스가 있어요.

📌 새 단어

近く 근처　|　温泉 온천　|　ちょっと 조금

실력을 확인해요! 필기 시험

단어 익히기

01 다음 제시된 단어를 보고 빈칸을 채워 보세요.

1. 상자   한자 _____   히라가나 _____
2. 계란   한자 _____   히라가나 _____
3. 종이   한자 _____   히라가나 _____
4. 우산   한자 _____   히라가나 _____

02 〈보기〉를 보고 빈칸에 적절한 단어를 넣어 문장을 완성해 보세요.

| 보기 | えんぴつ 鉛筆 | かぎ 鍵 | つくえ 机 | にわ 庭 |

1. _____ に カードが あります。
   책상에 카드가 있어요.

2. _____ に 木が ありました。
   정원에 나무가 있었어요.

3. 棚の 上に _____ が ありません。
   선반 위에 열쇠가 없어요.

4. ノートの 上に _____ が ありませんでした。
   노트 위에 연필이 없었어요.

03 다음 일본어 문장을 우리말로 해석해 보세요.

1. ペンケースに ボールペンが あります。

2. 冷蔵庫に 卵が ありませんでした。

3. かばんの 上に 傘が ありません。

4. ベッドの 下に スリッパが ありました。

5. この 近くに 温泉は ありますか。

04 다음 우리말 문장을 일본어로 바꾸어 보세요.

1. 상자에 초콜릿이 있었어요.

2. 테이블 위에 컵이 없어요.

3. 나무 아래에 벤치가 없었어요.

4. 피아노 아래에 무엇이 있나요?

5. 조금 멀지만, 버스가 있어요.

カフェの 中に います。
카페 안에 있어요.

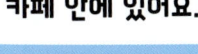 그림을 보면서 오늘 배울 내용을 추측해 보세요.

カフェの 中に います。
카페 안에 있어요.

TRACK 05-01

 오늘 배울 단어를 듣고 따라 읽어 보세요.

なか 中 안	いる (움직이는 것이) 있다	いざかや 이자카야, 술집	ほんや 本屋 서점	どうりょう 同僚 동료
みんな 모두	こうえん 公園 공원	だいどころ 台所 부엌	コンビニ 편의점	まえ 前 앞, 전
うし 後ろ 뒤	おとうと 弟 남동생	とう お父さん 아빠, 아버지		

UNIT 05 카페 안에 있어요. 49

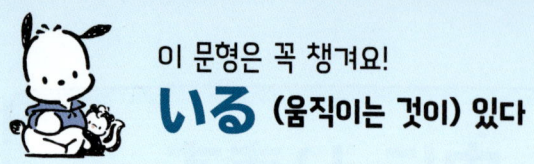

이 문형은 꼭 챙겨요!
いる (움직이는 것이) 있다

 **STEP 1** 기본 문형 익히기

TRACK 05-02

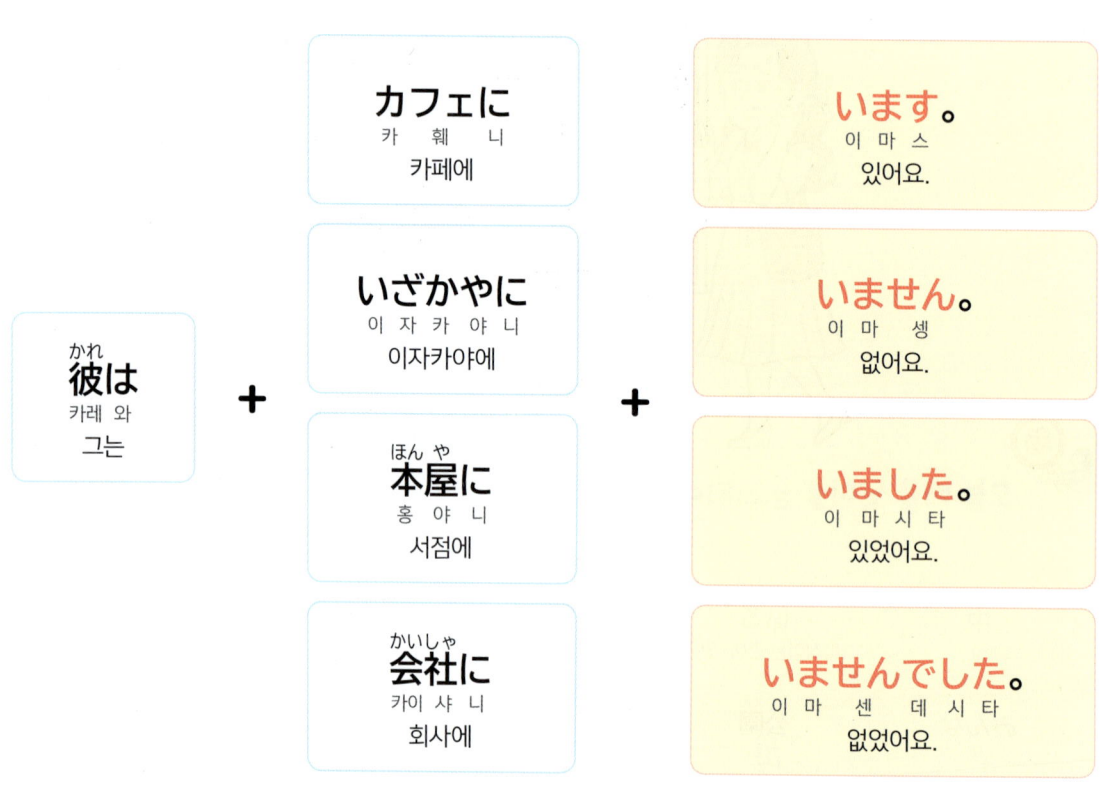

① 「いる」는 사람, 동물, 곤충 등과 같이 자신의 의지로 움직일 수 있는 생물의 존재를 나타낼 때 쓰는 표현입니다.

② 「いる」는 마지막 글자 「る」를 없애고 「ません」을 붙여서 「いません」을 만들면 '없습니다'라는 의미가 됩니다.

③ 「いる」는 마지막 글자 「る」를 없애고 「ました」를 붙여서 「いました」를 만들면 '있었습니다'라는 의미가 됩니다.

④ 「いる」는 마지막 글자 「る」를 없애고 「ませんでした」를 붙여서 「いませんでした」를 만들면 '없었습니다'라는 의미가 됩니다.

STEP 2 A-B 대화문 듣고 따라 말하기

A 同僚は どこに いますか。
도-료-와 도코니 이마스까
동료는 어디에 있나요?

B 同僚は いざかやに います。
도-료-와 이자카야니 이마스
동료는 이자카야에 있어요.

STEP 3 다양한 문장 직접 말하기

Q 友だちは 図書館に いませんか。
토모다치와 토쇼칸니 이마셍까
친구는 도서관에 없나요?

A 友だちは 図書館に いません。
토모다치와 토쇼칸니 이마셍
친구는 도서관에 없어요.

Q 남자 친구는 어디에 있나요?
彼氏は どこに いますか。
카레시와 도코니 이마스까

A 남자 친구는 일본에 있어요.
彼氏は 日本に います。
카레시와 니혼니 이마스

Q 모두는 어디에 있었나요?
みんなは どこに いましたか。
민나와 도코니 이마시타까

A 모두는 공원에 있었어요.
みんなは 公園に いました。
민나와 코-엔니 이마시타

Q 고양이는 부엌에 없었나요?
猫は 台所に いませんでしたか。
네코와 다이도코로니 이마셍데시타까

A 고양이는 부엌에 없었어요.
猫は 台所に いませんでした。
네코와 다이도코로니 이마셍데시타

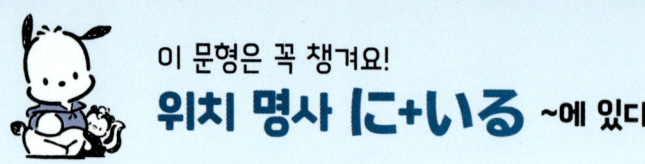

이 문형은 꼭 챙겨요!
위치 명사 に+いる ~에 있다

 STEP 1 기본 문형 익히기

TRACK 05-03

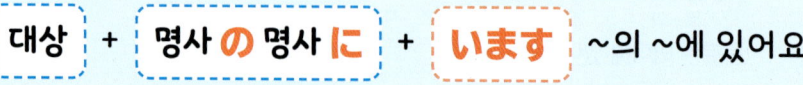

대상 + 명사 の 명사 に + います ~의 ~에 있어요

彼女は
카노 죠 와
그녀는

+

部屋の 中に
헤야 노 나카니
방(의) 안에

コンビニの 外に
콤 비니노 소토니
편의점(의) 밖에

デパートの 前に
데파-토노 마에니
백화점(의) 앞에

ホテルの 後ろに
호테루노 우시로니
호텔(의) 뒤에

+

います。
이 마스
있어요.

いません。
이 마 셍
없어요.

いました。
이 마시타
있었어요.

いませんでした。
이 마셍 데시타
없었어요.

❶ 다양한 위치 명사

위	아래, 밑	안, 속	밖	앞, 전
うえ 上	した 下	なか 中	そと 外	まえ 前
뒤	옆	오른쪽	왼쪽	근처
うし 後ろ	よこ 横	みぎ 右	ひだり 左	ちか 近く

STEP 2 A-B 대화문 듣고 따라 말하기

A 弟は どこに いますか。
오토-토와 도코니 이마스까
남동생은 어디에 있나요?

B 弟は 部屋の 中に います。
오토-토와 헤야노 나카니 이마스
남동생은 방 안에 있어요.

STEP 3 다양한 문장 직접 말하기

Q 先生は 教室の 外に いませんか。
센세-와 쿄-시츠노 소토니 이마셍 까
선생님은 교실 밖에 없나요?

A 先生は 教室の 外に いません。
센세-와 쿄-시츠노 소토니 이마셍
선생님은 교실 밖에 없어요.

Q 아버지는 어디에 있나요?
お父さんは どこに いますか。
오토-상와 도코니 이마스까

A 아버지는 레스토랑 안에 있어요.
お父さんは レストランの 中に います。
오토-상와 레스토란노 나카니 이마스

Q 다나카 씨는 역 앞에 있었나요?
田中さんは 駅の 前に いましたか。
타나카 상와 에키노 마에니 이마시타 까

A 다나카 씨는 역 앞에 있었어요.
田中さんは 駅の 前に いました。
타나카 상와 에키노 마에니 이마시타

Q 아이는 문 뒤에 없었나요?
子供は ドアの 後ろに いませんでしたか。
코도모와 도아노 우시로니 이마센 데시타 까

A 아이는 문 뒤에 없었어요.
子供は ドアの 後ろに いませんでした。
코도모와 도아노 우시로니 이마센 데시타

직접 말해요!
실전 회화

 **STEP 4** 실전처럼 연습하기

TRACK 05-04

최지아: すみません、遅れました。いま、どこに いますか。
스미마셍 오쿠레마시타 이마 도코니 이마스까

스즈키: 駅の 前に います。
에키노 마에니 이마스

최지아: テオさんも 一緒に いますか。
테오상 모 잇쇼니 이마스까

스즈키: いいえ、みんなは お店の 中に いますよ。
이-에 민나와 오미세노 나카니 이마스요

> **TIP** 「遅れる」와 「遅い」는 모두 '늦다'라는 의미를 가지지만, 「遅れる」는 '정해진 시간보다 늦는 행위'를 나타내는 동사이며, 「遅い」는 '속도가 느린 상태'를 나타내는 형용사입니다.
> 学校に 遅れました。학교에 늦었어요.
> ワイファイが 遅いです。와이파이가 느려요.

최지아: 미안해요, 늦었어요. 지금, 어디에 있나요?
스즈키: 역 앞에 있어요.
최지아: 태오 씨도 같이 있나요?
스즈키: 아니요, 모두는 가게 안에 있어요.

 새 단어

すみません 미안합니다, 죄송합니다 | 遅れる 늦다

필기 시험

실력을 확인해요!

단어 익히기

01 다음 제시된 단어를 보고 빈칸을 채워 보세요.

1. 서점　　한자 _____　　히라가나 _____
2. 공원　　한자 _____　　히라가나 _____
3. 부엌　　한자 _____　　히라가나 _____
4. 남동생　한자 _____　　히라가나 _____

02 〈보기〉를 보고 빈칸에 적절한 단어를 넣어 문장을 완성해 보세요.

| 보기 | 同僚(どうりょう)　　お父(とう)さん　　コンビニ　　みんな |

1. _____ は いざかやに います。
   동료는 이자카야에 있어요.

2. _____ は お店(みせ)に いません。
   모두는 가게에 없어요.

3. _____ は ホテルの 外(そと)に いませんでした。
   아버지는 호텔 밖에 없었어요.

4. 田中(たなか)さんは _____ の 後(うし)ろに いましたか。
   다나카 씨는 편의점 뒤에 있었나요?

 **문장 익히기**

03 다음 일본어 문장을 우리말로 해석해 보세요.

① 猫は 台所に いませんでした。

② 弟は 部屋の 中に います。

③ 先生は 教室の 外に いません。

④ 子供は ドアの 後ろに いませんでした。

⑤ 今、どこに いますか。

04 다음 우리말 문장을 일본어로 바꾸어 보세요.

① 친구는 도서관에 있어요.

② 모두는 공원에 없었어요.

③ 동료는 레스토랑 안에 있어요.

④ 남자 친구는 일본에 있나요?

⑤ 다나카 씨는 역 앞에 없었나요?

UNIT 06

あの お店に 入りましょう。
아노 오미세니 하이리마쇼ー
저 가게에 들어갑시다.

 그림을 보면서 오늘 배울 내용을 추측해 보세요.

오늘 배울 단어를 듣고 따라 읽어 보세요.

撮る 찍다	写真 사진	始める 시작하다	そろそろ 슬슬	窓 창문
これから 이제부터, 앞으로	ハンバーガー 햄버거	単品 단품	セット 세트	メニュー 메뉴
色 색, 색깔	ピンク 핑크(색)	オムライス 오므라이스	コーラ 콜라	デザート 디저트

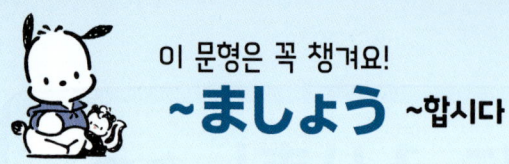

이 문형은 꼭 챙겨요!
~ましょう ~합시다

STEP 1 기본 문형 익히기

TRACK 06-02

동사 ます형 + ましょう ~합시다

撮る 토 루 찍다		撮りましょう。 토리마쇼- 찍읍시다.
入る 하이 루 들어가다	+ ましょう 마 쇼- ~(합)시다 →	入りましょう。 하이리마쇼- 들어갑시다.
見る 미 루 보다		見ましょう。 미마쇼- 봅시다.
する 스 루 하다		しましょう。 시마쇼- 합시다.

❶ ます형 뒤에 「ます」 대신 「ましょう」를 붙이면 '~합시다'라는 뜻으로 함께 무언가를 하자고 상대방에게 권유·제안할 때 쓰는 표현입니다.

❷ 「ましょう」 뒤에 「か」를 붙이면 '~할까요?'라는 의미를 나타냅니다.

 **A-B 대화문 듣고 따라 말하기**

A あそこで 写真を 撮りましょう。
아 소 코 데 샤 싱 오   토 리 마 쇼 -
저기에서 사진을 찍읍시다.

B いいですね！ 撮りましょう。
이 - 데 스 네   토 리 마 쇼 -
좋네요! 찍읍시다.

 **다양한 문장 직접 말하기**

Q いつ 会議を 始めますか。
이 츠 카 이 기 오 하 지 메 마 스 까
언제 회의를 시작합니까?

A そろそろ 会議を 始めましょう。
소 로 소 로   카 이 기 오   하 지 메 마 쇼 -
슬슬 회의를 시작합시다.

Q 내일, 어디에서 만날까요?
明日、どこで 会いましょうか。
아시타   도 코 데 아 이 마 쇼 - 까

A 학교 앞에서 만납시다.
学校の 前で 会いましょう。
각 코 - 노 마 에 데 아 이 마 쇼 -

Q 조금 더워요.
少し 暑いです。
스코시 아츠 이 데 스

A 창문을 조금 엽시다.
窓を 少し 開けましょう。
마도오 스코시 아 케 마 쇼 -

Q 이제부터 같이 운동할까요?
これから 一緒に 運動しましょうか。
코 레 카 라 잇 쇼 니 운도-시 마 쇼 - 까

A 네, 같이 운동합시다.
はい、一緒に 運動しましょう。
하 이   잇 쇼 니 운도-시 마 쇼 -

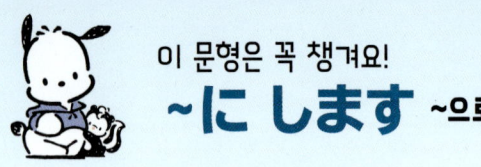

이 문형은 꼭 챙겨요!
~に します ~으로 하겠습니다

 **STEP 1** 기본 문형 익히기

TRACK 06-03

명사 + に します ~으로 할게요

これ
코 레
이것

ハンバーガー
함 바 - 가 -
햄버거

単品(たんぴん)
탐 핑
단품

セット
셋 토
세트

+

に します。
니 시 마 스
(으)로 할게요.

❶ 명사에 「に します」를 연결하면 '~으로 하겠습니다'라는 뜻이 되며, 여러 가지의 선택지 중에서 무언가로 결정했음을 나타내는 표현입니다.

❷ 「に します」의 기본형은 「に する」로 '~으로 하다'라는 뜻입니다.

STEP 2 A-B 대화문 듣고 따라 말하기

A メニューは 何に しますか。
메뉴-와 나니니 시마스까
메뉴는 무엇으로 하겠습니까?

B これに します。
코레니 시마스
이것으로 할게요.

STEP 3 다양한 문장 직접 말하기

Q 色は 何に しますか。
이로 와 나니니 시마스까
색깔은 무엇으로 하겠습니까?

A ピンクに します。
핑쿠니 시마스
핑크로 할게요.

Q 점심은 무엇으로 하겠습니까?
昼ご飯は 何に しますか。
히루고항 와 나니니 시마스까

A 오므라이스로 할게요.
オムライスに します。
오무라이스니 시마스

Q 음료는 무엇으로 하겠습니까?
飲み物は 何に しますか。
노미모노와 나니니 시마스까

A 콜라로 할게요.
コーラに します。
코-라니 시마스

Q 디저트는 무엇으로 하겠습니까?
デザートは 何に しますか。
데자-토와 나니니 시마스까

A 케이크로 할게요.
ケーキに します。
케-키니 시마스

직접 말해요!
실전 회화

 **실전처럼 연습하기**

TRACK 06-04

김태모: お腹(なか)が すきましたね。
오나카가 스키마시타네

다나카: そうですね。あの お店(みせ)に 入(はい)りましょう。
소-데스네 아노 오미세니 하이리마쇼-

김태모: いいですね。何(なに)を 食(た)べましょうか。
이-데스네 나니오 타베마쇼-까

다나카: 私(わたし)は ひがわり定食(ていしょく)に します。
와타시와 히가와리테-쇼쿠니 시마스

TIP 「ひがわり定食 오늘의 정식」에서 「ひがわり」는 '매일 바뀜'이라는 뜻이며 「定食」는 '정식'이라는 뜻입니다. 「ひがわり定食」는 점심 시간에 한정적으로 제공되는 것이 일반적이며, 「定食」 대신 「ランチ 런치」를 사용하여 「ひがわりランチ 오늘의 런치」라고 하기도 합니다.

김태모: 배가 고프네요.
다나카: 그러게요. 저 가게에 들어갑시다.
김태모: 좋아요. 무엇을 먹을까요?
다나카: 저는 오늘의 정식으로 할게요.

 새 단어

お腹(なか) 배 | すく (배가) 고프다, 허기지다 | ひがわり定食(ていしょく) 오늘의 정식

실력을 확인해요!
필기 시험

단어 익히기

01 다음 제시된 단어를 보고 빈칸을 채워 보세요.

1. 사진　　한자 _____　　히라가나 _____
2. 단품　　한자 _____　　히라가나 _____
3. 색, 색깔　한자 _____　　히라가나 _____
4. 시작하다　한자 _____　　히라가나 _____

02 〈보기〉를 보고 빈칸에 적절한 단어를 넣어 문장을 완성해 보세요.

| 보기 | これから　　コーラ　　お腹(なか)　　窓(まど) |

1. _____ を 少(すこ)し 開(あ)けましょう。
   창문을 조금 엽시다.

2. _____ 一緒(いっしょ)に 運動(うんどう)しましょう。
   이제부터 같이 운동합시다.

3. _____ に します。
   콜라로 할게요.

4. _____ が すきましたね。
   배가 고프네요.

UNIT 06 저 가게에 들어갑시다. 63

03 다음 일본어 문장을 우리말로 해석해 보세요.

1. あの お店に 入りましょう。

2. 学校の 前で 会いましょう。

3. 色は ピンクに します。

4. デザートは ケーキに します。

5. 私は ひがわり定食に します。

04 다음 우리말 문장을 일본어로 바꾸어 보세요.

1. 저기에서 사진을 찍읍시다.

2. 슬슬 회의를 시작합시다.

3. 점심은 오므라이스로 할게요.

4. 무엇을 먹을까요?

5. 메뉴는 무엇으로 하겠습니까?

UNIT 07
音楽を 聞きながら 運転します。
おんがく を　き きながら　うんてん します
옹가쿠오 키키나가라 운텐시마스
음악을 들으면서 운전해요.

그림을 보면서 오늘 배울 내용을 추측해 보세요.

音楽を 聞きながら 運転します。
옹가쿠오 키키나가라 운텐시마스
음악을 들으면서 운전해요.

TRACK 07-01

오늘 배울 단어를 듣고 따라 읽어 보세요.

運転する 운전하다	話す 이야기하다	待つ 기다리다	電話する 전화하다	作る 만들다
資料 자료	調べる 조사하다, 검색하다	レポート 리포트	休みの日 쉬는 날	退勤 퇴근
後 ~후, ~뒤	ご飯 밥	家族 가족	お母さん 엄마, 어머니	掃除 청소
歌う (노래를) 부르다	歩く 걷다	休む 쉬다	覚える 외우다, 기억하다	観光地 관광지
今朝 오늘 아침	ニュース 뉴스	妹 여동생	ユーチューブ 유튜브	お菓子 과자

UNIT 07 음악을 들으면서 운전해요. 65

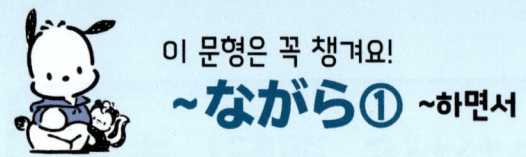

이 문형은 꼭 챙겨요!
~ながら ① ~하면서

 **STEP 1** 기본 문형 익히기

TRACK 07-02

① 동사 ます형 뒤에 「ます」 대신 「ながら」를 붙이면 '~하면서'라는 뜻이 됩니다.
② 「ながら」는 두 가지 행동을 동시에 진행할 때 사용할 수 있는 표현이며 「ながら」 뒤에 오는 동사가 메인이 되는 행동입니다.

 **STEP 2** **A-B 대화문 듣고 따라 말하기**

A 運転しながら 何を しますか。
운 텐 시 나 가 라 나니오 시 마 스 까
운전하면서 무엇을 하나요?

B 音楽を 聞きながら 運転します。
옹 가쿠 오 키 키 나가 라 운 텐 시 마 스
음악을 들으면서 운전해요.

 **STEP 3** **다양한 문장 직접 말하기**

Q 週末は 何を しますか。
슈-마츠 와 나니오 시 마 스 까
주말에는 무엇을 하나요?

A 資料を 調べながら レポートを 書きます。
시료-오 시라베나 가 라 레 포 - 토 오 카 키 마 스
자료를 조사하면서 리포트를 써요.

Q 쉬는 날은 무엇을 하나요?
休みの日は 何を しますか。
야스미 노 히 와 나니오 시 마 스 까

Q 퇴근 후에는 무엇을 하나요?
退勤 後は 何を しますか。
타이 킹 고 와 나니오 시 마 스 까

Q 어머니는 무엇을 하나요?
お母さんは 何を しますか。
오 카- 상 와 나니오 시 마 스 까

A 카페에서 커피를 마시면서 책을 읽어요.
カフェで コーヒーを 飲みながら 本を 読みます。
카 훼 데 코 - 히- 오 노미나가라 홍 오 요미마스

A 밥을 먹으면서 가족과 이야기해요.
ご飯を 食べながら 家族と 話します。
고 항 오 타 베 나 가 라 카조쿠 토 하나시 마 스

A 청소하면서 노래를 불러요.
掃除を しながら 歌を 歌います。
소-지 오 시 나 가 라 우타오 우타 이 마 스

UNIT 07 음악을 들으면서 운전해요. 67

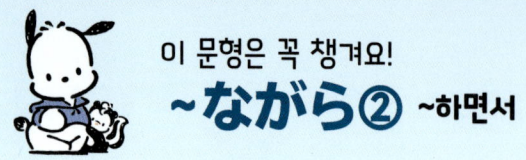

이 문형은 꼭 챙겨요!
~ながら② ~하면서

 **STEP 1** 기본 문형 익히기

TRACK 07-03

| 동사 ます형1 | + | ながら | + | 동사 ます형2 | + | ました |

~하면서 ~했어요

동사 ます형1		ながら		동사 ます형2
と 撮り 토 리 찍으	+		+	ある 歩きました。 아루 키 마 시 타 걸었어요.
か 書き 카 키 쓰	+	ながら 나가라 (하)면서	+	よ 読みました。 요 미 마 시 타 읽었어요.
た 食べ 타 베 먹으	+		+	やす 休みました。 야스 미 마 시 타 쉬었어요.
おぼ 覚え 오보 에 외우	+		+	べんきょう 勉強しました。 벵 쿄- 시 마 시 타 공부했어요.

❶ 「ながら」 뒤에 「동사 ます형+ました」를 붙이면 '~하면서 ~했습니다'라는 과거형이 됩니다.

 **STEP 2** A-B 대화문 듣고 따라 말하기

A 観光地では 何を しましたか。
캉 코- 치 데 와 나니오 시 마 시 타 까
관광지에서는 무엇을 했나요?

B 写真を 撮りながら 歩きました。
샤 싱 오 토 리 나 가 라 아 루 키 마 시 타
사진을 찍으면서 걸었어요.

 **STEP 3** 다양한 문장 직접 말하기

Q 今朝、何を しましたか。
케 사 나니오 시 마 시 타 까
오늘 아침, 무엇을 했나요?

A 朝ご飯を 食べながら ニュースを 見ました。
아사 고 항 오 타 베 나 가 라 뉴 - 스 오 미 마 시 타
아침밥을 먹으면서 뉴스를 봤어요.

Q 어제는 무엇을 했나요?
昨日は 何を しましたか。
키노- 와 나니오 시 마 시 타 까

A 친구와 이야기하면서 맥주를 마셨어요.
友だちと 話しながら ビールを 飲みました。
토모다 치 토 하나시 나 가 라 비-루 오 노 미 마 시 타

Q 여동생은 무엇을 했나요?
妹は 何を しましたか。
이모-토 와 나니오 시 마 시 타 까

A 유튜브를 보면서 요리를 만들었어요.
ユーチューブを 見ながら 料理を 作りました。
유- 츄- 부 오 미 나 가 라 료-리 오 츠쿠리 마 시 타

Q 남동생은 무엇을 했나요?
弟は 何を しましたか。
오토-토 와 나니오 시 마 시 타 까

A 숙제를 하면서 과자를 먹었어요.
宿題を しながら お菓子を 食べました。
슈쿠다이 오 시 나 가 라 오 카 시 오 타 베 마 시 타

직접 말해요! 실전 회화

STEP 4 실전처럼 연습하기

TRACK 07-04

김태오: 観光しながら 写真も たくさん 撮りましょう。
캉 코-시나가라 샤싱모 탁 상 토리마 쇼-

다나카: はい、景色が とても きれいです。
하 이 케시키가 토테모 키레-데스

김태오: 写真を 撮りながら 歩きますね。
샤싱오 토리나가라 아루키마스네

다나카: いいですよ。
이 - 데스요

TIP 경치에 대한 감상을 나타낼 때는 회화문의「きれいだ 예쁘다」외에「素敵だ 멋지다」라는 な형용사도 자주 사용합니다.
景色が 素敵です。 경치가 멋져요.

김태오: 관광하면서 사진도 많이 찍읍시다.
다나카: 네, 경치가 아주 예뻐요.
김태오: 사진을 찍으면서 걸을게요.
다나카: 좋아요.

새 단어

観光 관광 | たくさん 많이

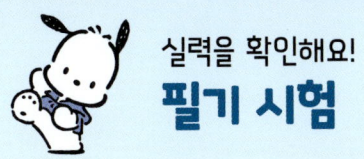

실력을 확인해요! 필기 시험

단어 익히기

01 다음 제시된 단어를 보고 빈칸을 채워 보세요.

1. 자료　　한자 _____　　히라가나 _____
2. 가족　　한자 _____　　히라가나 _____
3. 여동생　한자 _____　　히라가나 _____
4. 오늘 아침　한자 _____　히라가나 _____

02 〈보기〉를 보고 빈칸에 적절한 단어를 넣어 문장을 완성해 보세요.

| 보기 | 電話(でんわ) | 話(はな)す | 休(やす)む | 歌(うた)う |

1. 待(ま)ちながら _____ します。
   기다리면서 전화해요.

2. 掃除(そうじ)を しながら 歌(うた)を _____ ます。
   청소를 하면서 노래를 불러요.

3. ケーキを 食(た)べながら _____ ました。
   케이크를 먹으면서 쉬었어요.

4. _____ ながら ビールを 飲(の)みました。
   이야기하면서 맥주를 마셨어요.

UNIT 07 음악을 들으면서 운전해요. 71

 **문장 익히기**

03 다음 일본어 문장을 우리말로 해석해 보세요.

① 資料を 調べながら レポートを 書きます。

② 写真を 撮りながら 歩きました。

③ ユーチューブを 見ながら 料理を 作りました。

④ 景色が とても きれいです。

⑤ 運転しながら 何を しますか。

04 다음 우리말 문장을 일본어로 바꾸어 보세요.

① 음악을 들으면서 청소해요.

② 카페에서 커피를 마시면서 책을 읽어요.

③ 숙제를 하면서 과자를 먹었어요.

④ 친구와 이야기하면서 맥주를 마셨어요.

⑤ 퇴근 후에는 무엇을 하나요?

UNIT 08 本を 借りに 行きます。
책을 빌리러 가요.

그림을 보면서 오늘 배울 내용을 추측해 보세요.

무엇을 하러 가나요?

本を 借りに 行きます。
책을 빌리러 가요.

오늘 배울 단어를 듣고 따라 읽어 보세요.

TRACK 08-01

呼ぶ 부르다	散歩する 산책하다	へ ~에	映画館 영화관	服 옷
晩ご飯 저녁, 저녁밥	美容室 미용실	髪 머리(털), 머리카락	習う 배우다	塾 학원
絵 그림	中国語 중국어	手伝う 돕다, 거들다		

이 문형은 꼭 챙겨요!

~に行く ~하러 가다

STEP 1　기본 문형 익히기

TRACK 08-02

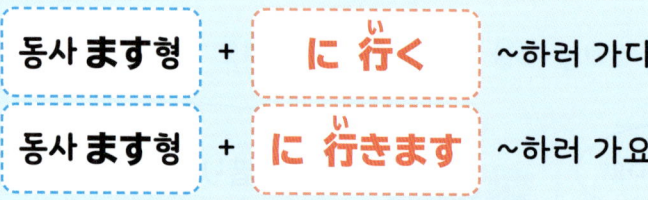

| 동사 ます형 | + | に 行く | ~하러 가다 |
| 동사 ます형 | + | に 行きます | ~하러 가요 |

飲み
노 미
마시

呼び
요 비
부르

借り
카 리
빌리

散歩し
삼 포 시
산책하

　+

に 行く。
니　이 쿠
(하)러 가다.

に 行きます。
니　이 키 마 스
(하)러 가요.

❶ 동사 ます형에 「に」를 붙이면 '~하러'라는 뜻이 됩니다.

❷ 동사 ます형 뒤에 「ます」 대신 「に 行く」를 붙이면 '~하러 가다'라는 뜻이 되고, 「に 行きます」를 붙이면 '~하러 갑니다'라는 뜻이 됩니다.

❸ 단순히 장소의 이동을 나타내는 표현이 아니라 어딘가에 '무언가를 하러 가다'라는 행동의 목적을 나타내는 표현입니다.

STEP 2   A-B 대화문 듣고 따라 말하기

A 図書館へ 何を 借りに 行く？
토쇼캉에 나니오 카리니 이쿠
도서관에 무엇을 빌리러 가?

B 本を 借りに 行く。
홍오 카리니 이쿠
책을 빌리러 가.

TIP 일본어로 '~에'라고 할 때는 조사 「に」 외에도 「へ」를 사용할 수 있습니다. 큰 차이는 없지만 「へ」가 좀 더 정중한 뉘앙스가 있습니다.

STEP 3   다양한 문장 직접 말하기

Q 明日は 何を しに 行きますか。
아시타 와 나니오 시니 이키마스 까
내일은 무엇을 하러 가나요?

A 映画館へ 映画を 見に 行きます。
에-가캉에 에-가오 미니 이키마스
영화관에 영화를 보러 가요.

Q 무엇을 사러 가나요?
何を 買いに 行きますか。
나니오 카이니 이키마스 까

A 백화점에 옷을 사러 가요.
デパートへ 服を 買いに 行きます。
데파-토에 후쿠오 카이니 이키마스

Q 어디에 가나요?
どこへ 行きますか。
도코에 이키마스 까

A 레스토랑에 저녁을 먹으러 가요.
レストランへ 晩ご飯を 食べに 行きます。
레스토랑에 방고항오 타베니 이키마스

Q 무엇을 하러 가나요?
何を しに 行きますか。
나니오 시니 이키마스 까

A 미용실에 머리를 자르러 가요.
美容室に 髪を 切りに 行きます。
비요우인 니 카미오 키리니 이키마스

이 문형은 꼭 챙겨요!

~に来る ~하러 오다

 기본 문형 익히기

TRACK 08-03

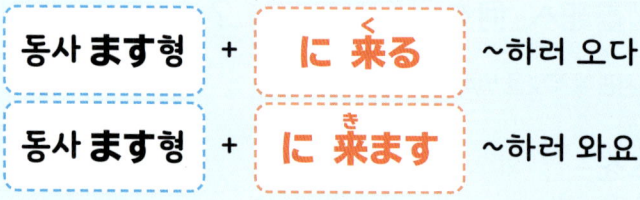

| 習い
나라 이
배우	
教え
오시 에
가르치 | + に来る。
니 쿠 루
(하)러 오다. |
| 食べ
타 베
먹으 | |
| 買い物し
카 이 모노 시
쇼핑하 | + に来ます。
니 키 마스
(하)러 와요. |

❶ 앞에서 배운 ます형 뒤에 「ます」 대신 「に来る」를 붙이면 '~하러 오다'라는 뜻이 되고, 「に来ます」를 붙이면 '~하러 옵니다'라는 뜻이 됩니다.

❷ 단순히 장소의 이동을 나타내는 표현이 아닌 어딘가에 '무언가를 하러 오다'라는 행동의 목적을 나타내는 표현입니다.

A-B 대화문 듣고 따라 말하기

A 塾へ 何を 習いに 来る？
쥬쿠 에 나니 오 나라이 니 쿠 루
학원에 무엇을 배우러 와?

B 絵を 習いに 来る。
에 오 나라이 니 쿠 루
그림을 배우러 와.

다양한 문장 직접 말하기

Q 学校へ 何を しに 来ますか。
각 코- 에 나니 오 시 니 키 마스 까
학교에 무엇을 하러 오나요?

A 学校へ 中国語を 教えに 来ます。
각 코- 에 츄-고쿠 고 오 오시에 니 키 마스
학교에 중국어를 가르치러 와요.

Q 카페에 무엇을 하러 오나요?
カフェへ 何を しに 来ますか。
카 훼 에 나니오 시 니 키 마스 까

A 카페에 책을 읽으러 와요.
カフェへ 本を 読みに 来ます。
카 훼 에 홍 오 요미 니 키 마스

Q 그는 무엇을 하러 오나요?
彼は 何を しに 来ますか。
카레 와 나니오 시 니 키 마스 까

A 그는 일을 도우러 와요.
彼は 仕事を 手伝いに 来ます。
카레 와 시고토 오 테츠다이 니 키 마스

Q 공원에 무엇을 하러 오나요?
公園へ 何を しに 来ますか。
코- 엥 에 나니오 시 니 키 마스 까

A 공원에 운동을 하러 와요.
公園へ 運動を しに 来ます。
코- 엥 에 운도- 오 시 니 키 마스

직접 말해요! 실전 회화

STEP 4　실전처럼 연습하기

TRACK 08-04

최지아　家に 帰りますか。
　　　　　이에니 카에리마스까

스즈키　いいえ、図書館へ 勉強しに 行きます。
　　　　　이-에 토쇼캉에 벵쿄-시니 이키마스

최지아　私も 本を 借りに 行きます。
　　　　　와타시모 홍오 카리니 이키마스

스즈키　一緒に 行きましょう。
　　　　　잇쇼니 이키마쇼-

> **TIP**　「~に 行く · ~に 来る」는 동사 ます형 뿐만 아니라 「散歩」, 「食事」처럼 동작성 명사 뒤에 바로 붙여서 사용할 수 있습니다.
> 散歩に 行く。산책하러 가다. ｜ 買い物に 行きます。쇼핑하러 가요. ｜ 食事に 来る。식사하러 오다.

최지아　집에 돌아가나요?
스즈키　아니요, 도서관에 공부하러 가요.
최지아　저도 책을 빌리러 가요.
스즈키　같이 갑시다.

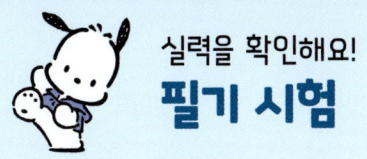

실력을 확인해요!
필기 시험

단어 익히기

01 다음 제시된 단어를 보고 빈칸을 채워 보세요.

1. 부르다 　한자 _____ 　히라가나 _____
2. 영화관 　한자 _____ 　히라가나 _____
3. 옷 　한자 _____ 　히라가나 _____
4. 중국어 　한자 _____ 　히라가나 _____

02 〈보기〉를 보고 빈칸에 적절한 단어를 넣어 문장을 완성해 보세요.

| 보기 | 手伝う　　髪　　散歩　　塾 |

1. _____ しに 行きます。
   산책하러 가요.

2. _____ を 切りに 行きます。
   머리를 자르러 가요.

3. 彼は 仕事を _____ に 来ます。
   그는 일을 도우러 와요.

4. _____ へ 何を 習いに 来る?
   학원에 무엇을 배우러 와?

UNIT 08 책을 빌리러 가요. 79

 **문장 익히기**

03 다음 일본어 문장을 우리말로 해석해 보세요.

① 映画館へ 映画を 見に 行きます。

② 図書館へ 宿題を しに 行きます。

③ 塾へ 絵を 習いに 来る。

④ カフェへ 本を 読みに 来ます。

⑤ 公園へ 何を しに 来ますか。

04 다음 우리말 문장을 일본어로 바꾸어 보세요.

① 커피를 마시러 가.

② 백화점에 옷을 사러 가요.

③ 레스토랑에 저녁을 먹으러 가요.

④ 일본어를 배우러 와.

⑤ 공원에 운동을 하러 와요.

UNIT 09
お土産を 買いたいです。
오 미야게 오 카 이 타 이 데 스
기념품을 사고 싶어요.

그림을 보면서 오늘 배울 내용을 추측해 보세요.

お土産を 買いたいです。
오 미야게 오 카 이 타 이 데 스
기념품을 사고 싶어요.

오늘 배울 단어를 듣고 따라 읽어 보세요.

TRACK 09-01

お土産 (みやげ) 기념품	遊ぶ (あそぶ) 놀다	ダイエットする 다이어트하다	旅行先 (りょこうさき) 여행지	おにぎり 주먹밥
カレー 카레	将来 (しょうらい) 장래	韓国語 (かんこくご) 한국어	資格 (しかく) 자격증	取る (とる) (자격증을) 따다, 취득하다
出る (でる) 나가다, 나오다	考える (かんがえる) 생각하다	ドラマ 드라마	会う (あう) 만나다	今週末 (こんしゅうまつ) 이번 주말
結婚する (けっこんする) 결혼하다				

UNIT 09 기념품을 사고 싶어요. 81

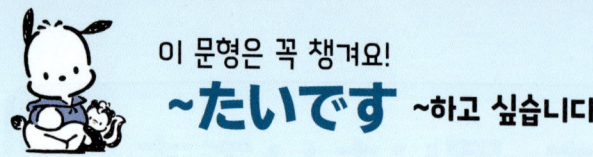

~たいです ~하고 싶습니다

 **STEP 1** 기본 문형 익히기

동사 ます형 + たいです ~하고 싶어요

買い
카 이
사

遊び
아소 비
놀

見
미
보

ダイエットし
다 이 엣 토 시
다이어트하

+

たいです。
타 이 데스
(하)고 싶어요.

① ます형 뒤에 「ます」 대신 「たい」를 붙이면 '~하고 싶다'라는 뜻으로 말하는 사람의 욕구나 희망을 나타냅니다.

② 「たい」 뒤에 「です」를 붙여서 「たいです」를 만들면 '~하고 싶습니다'라는 뜻이 됩니다.

③ 「たい」가 い형용사는 아니지만 い형용사처럼 마지막 글자가 「い」로 끝나므로 과거형을 만드는 방법이 い형용사와 동일합니다.

い형용사의 과거형	たい의 과거형
「い」를 삭제한 후 「かった」를 붙입니다.	「たい」에서 「い」를 삭제한 후 「かった」를 붙입니다. ⇨ たかった ~하고 싶었다

STEP 2　A-B 대화문 듣고 따라 말하기

A　旅行先で 何を したいですか。
료코-사키 데　나니 오　시 타 이 데 스 까
여행지에서 무엇을 하고 싶나요?

B　お土産を 買いたいです。
오 미야게 오　카 이 타 이 데 스
기념품을 사고 싶어요.

STEP 3　다양한 문장 직접 말하기

Q　昼ご飯は 何を 食べたいですか。
히루 고 항 와　나니 오　타 베 타 이 데 스 까
점심은 무엇을 먹고 싶나요?

A　昼ご飯は おにぎりを 食べたいです。
히루 고 항 와　오 니 기 리 오　타 베 타 이 데 스
점심은 주먹밥을 먹고 싶어요.

Q 오늘은 무엇을 만들고 싶나요?
今日は 何を 作りたいですか。
쿄- 와 나니오 츠쿠리 타 이 데 스 까

A 오늘은 카레를 만들고 싶어요.
今日は カレーを 作りたいです。
쿄- 와 카 레-오 츠쿠리 타 이 데 스

Q 장래에는 무엇을 하고 싶나요?
将来は 何を したいですか。
쇼-라이 와 나니 오 시 타 이 데 스 까

A 장래에는 한국어를 가르치고 싶어요.
将来は 韓国語を 教えたいです。
쇼- 라이와 캉코쿠 고 오 오시 에 타 이 데 스

Q 여름 방학에는 무엇을 하고 싶나요?
夏休みは 何を したいですか。
나츠야스미 와 나니오 시 타 이 데 스 까

A 여름 방학에는 자격증을 따고 싶어요.
夏休みは 資格を 取りたいです。
나츠야스미 와 시카쿠 오 토 리 타 이 데 스

 이 문형은 꼭 챙겨요!
~たくありません ~하고 싶지 않습니다

 **STEP 1** 기본 문형 익히기

TRACK 09-03

동사 ます형 + たくありません ~하고 싶지 않아요

| 撮り
토 리
찍 |
| で
데
나가 |
| 考え
かんが
칸가에
생각하 |
| 勉強し
べんきょう
벵 쿄- 시
공부하 |

+ たくありません。
타 쿠 아 리 마 셍
(하)고 싶지 않아요.

❶ ます형 뒤에 「ます」 대신 「たくありません」을 붙이면 '~하고 싶지 않습니다'라는 뜻이 됩니다.
❷ 조금 더 캐주얼하고 편하게 사용할 수 있는 표현으로는 「たくないです」가 있습니다.
❸ 반말로 '~하고 싶지 않다'라고 할 때는 「です」를 삭제하고 「たくない」를 붙이면 됩니다.

 **A-B 대화문 듣고 따라 말하기**

A ここで 写真を 撮りたいですか。
코코데 샤싱오 토리타이데스까
여기에서 사진을 찍고 싶나요?

B ここでは 写真を 撮りたくありません。
코코데와 샤싱오 토리타쿠아리마셍
여기에서는 사진을 찍고 싶지 않아요.

 **다양한 문장 직접 말하기**

Q 明日も ドラマを 見たいですか。
아시타 모 드라마오 미타이데스까
내일도 드라마를 보고 싶나요?

A 明日は ドラマを 見たくありません。
아시타 와 드라마오 미타쿠아리마셍
내일은 드라마를 보고 싶지 않아요.

Q 주말에는 남자 친구를 만나나요?
週末は 彼氏に 会いますか。
슈-마츠 와 카레시니 아이마스 까

A 이번 주말에는 남자 친구를 만나고 싶지 않아요.
今週末は 彼氏に 会いたくありません。
콘 슈-마츠 와 카레시니 아이타쿠아리마셍

Q 내일도 일찍 일어나나요?
明日も 早く 起きますか。
아시타 모 하야쿠 오키마스까

A 내일은 일찍 일어나고 싶지 않아요.
明日は 早く 起きたくありません。
아시타 와 하야쿠 오키타쿠아리마셍

Q 그녀와 결혼하고 싶나요?
彼女と 結婚したいですか。
카노죠 토 켁콘시타이데스 까

A 그녀와 결혼하고 싶지 않아요.
彼女と 結婚したくありません。
카노죠 토 켁콘시타쿠아리마셍

직접 말해요!
실전 회화

 **STEP 4**   실전처럼 연습하기

TRACK 09-04

김태오: あの ジェットコースターに 乗りたいです。
아노 젯 토 코 - 스 타 - 니 노리타이데스

다나카: 私は 乗りたくありません。
와타시 와 노 리 타 쿠 아리마 셍

ジェットコースターは 怖いです。
젯 토 코 - 스 타 - 와 코와이데스

김태오: そうですか。じゃあ、田中さんは 何を したいですか。
소 - 데스 까 쟈 - 타나카 상 와 나니오 시타이데스 까

다나카: 家族の お土産を 買いたいです。
카 조쿠 노 오 미야게 오 카 이타이데스

TIP 일본어에는 '선물'을 표현하는 단어가 여러 가지 있습니다. 위의 대화에서처럼 여행지에서 사 온 '기념품'의 경우에는 「お土産」라고 하며, 생일 선물이나 기념일 선물 등 일반적인 '선물'의 경우에는 「プレゼント 프레젠토」라고 합니다.

김태오: 저 롤러코스터를 타고 싶어요.
다나카: 저는 타고 싶지 않아요. 롤러코스터는 무서워요.
김태오: 그래요? 그러면, 다나카 씨는 무엇을 하고 싶나요?
다나카: 가족(의) 기념품을 사고 싶어요.

 **새 단어**

ジェットコースター 롤러코스터

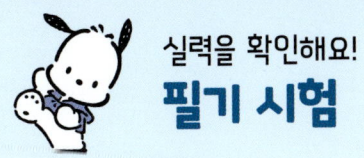

실력을 확인해요!
필기 시험

단어 익히기

01 다음 제시된 단어를 보고 빈칸을 채워 보세요.

1. 기념품 　한자 _____　　히라가나 _____
2. 여행지 　한자 _____　　히라가나 _____
3. 장래   　한자 _____　　히라가나 _____
4. 한국어 　한자 _____　　히라가나 _____

02 〈보기〉를 보고 빈칸에 적절한 단어를 넣어 문장을 완성해 보세요.

| 보기 | ドラマ　　資格(しかく)　　今週末(こんしゅうまつ)　　カレー |

1. 今日(きょう)は _____ を 作(つく)りたいです。
   오늘은 카레를 만들고 싶어요.

2. 夏休(なつやす)みは _____ を 取(と)りたいです。
   여름 방학에는 자격증을 따고 싶어요.

3. 明日(あした)は _____ を 見(み)たくありません。
   내일은 드라마를 보고 싶지 않아요.

4. _____ は 彼氏(かれし)に 会(あ)いたくありません。
   이번 주말에는 남자 친구를 만나고 싶지 않아요.

UNIT 09 기념품을 사고 싶어요.　87

 **문장 익히기**

03 다음 일본어 문장을 우리말로 해석해 보세요.

① おにぎりを 食べたいです。

② あの ジェットコースターに 乗りたいです。

③ 私は 勉強を したくありません。

④ 明日は 早く 起きたくありません。

⑤ 将来は 何を したいですか。

04 다음 우리말 문장을 일본어로 바꾸어 보세요.

① 기념품을 사고 싶어요.

② 점심은 초밥을 먹고 싶어요.

③ 내일은 나가고 싶지 않아요.

④ 여기에서는 사진을 찍고 싶지 않아요.

⑤ 그녀와 결혼하고 싶나요?

UNIT 10

この アプリは 使^{つか}いやすいです。
코노 아푸리와 츠카이야스이데스
이 앱은 사용하기 편해요.

 그림을 보면서 오늘 배울 내용을 추측해 보세요.

오늘 배울 단어를 듣고 따라 읽어 보세요.

TRACK 10-01

アプリ 앱, 어플	使う 사용하다, 쓰다	やすい ~(하)기 쉽다, ~(하)기 편하다	練習する 연습하다	単語 단어
ソウル 서울	住む 살다	ワンピース 원피스	予約する 예약하다	軽い 가볍다
履く (신발을) 신다	答える 대답하다	質問 질문	文字 글자	もち 떡
枕 베개	低い 낮다	寝る 자다	集中する 집중하다	メロディー 멜로디

이 문형은 꼭 챙겨요!
~やすいです ~하기 쉽습니다/편합니다

STEP 1 기본 문형 익히기

TRACK 10-02

동사 ます형 + やすいです ~하기 쉬워요/편해요

| 使(つか)い
츠카 이
사용하 |
| 分(わ)かり
와 카 리
알 |
| 着(き)
키
입 |
| 練習(れんしゅう)し
렌 슈- 시
연습하 |

+ やすいです。
야 스 이 데 스
(하)기 쉬워요/편해요.

❶ ます형 뒤에 「ます」 대신 「やすい」를 붙이면 '~하기 쉽다, ~하기 편하다'라는 뜻이 됩니다.
❷ 「やすい」 뒤에 「です」를 붙여서 「やすいです」를 만들면 '~하기 쉽습니다, ~하기 편합니다'라는 뜻이 됩니다.
❸ 「やすい」는 과거형을 만들 때 い형용사처럼 활용합니다.

い형용사의 과거형	やすい의 과거형
마지막 글자 「い」를 삭제한 후 「かった」를 붙입니다.	「やすい」에서 「い」를 삭제한 후 「かった」를 붙입니다. ⇨ 「やすかった」 ~하기 쉬웠다, ~하기 편했다

STEP 2 A-B 대화문 듣고 따라 말하기

A この アプリは 使(つか)いやすいですか。
코 노 아푸리 와 츠카이야스이데스 까
이 앱은 사용하기 편해요?

B はい、この アプリは 使(つか)いやすいです。
하 이 코 노 아푸리 와 츠카이야스이데스
네, 이 앱은 사용하기 편해요.

STEP 3 다양한 문장 직접 말하기

Q この 単語(たんご)は 覚(おぼ)えやすいですか。
코 노 탕고 와 오보에야스이데스 까
이 단어는 외우기 쉬워요?

A はい、この 単語(たんご)は 覚(おぼ)えやすいです。
하 이 코 노 탕고 와 오보에야스이데스
네, 이 단어는 외우기 쉬워요.

Q 서울은 살기 편해요?
ソウルは 住(す)みやすいですか。
소우루 와 스미야스이데스 까

A 네, 서울은 살기 편해요.
はい、ソウルは 住(す)みやすいです。
하 이 소우루 와 스미야스이데스

Q 원피스는 입기 편해요?
ワンピースは 着(き)やすいですか。
원 피 스 와 키야스이데스 까

A 네, 원피스는 입기 편해요.
はい、ワンピースは 着(き)やすいです。
하 이 원 피 스 와 키야스이데스

Q 레스토랑은 예약하기 쉬워요?
レストランは 予約(よやく)しやすいですか。
레스토랑 와 요야쿠시야스이데스 까

A 네, 레스토랑은 예약하기 쉬워요.
はい、レストランは 予約(よやく)しやすいです。
하 이 레스토랑 와 요야쿠시야스이데스

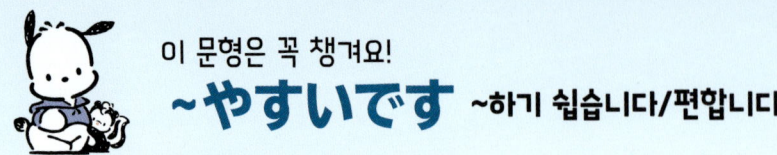

STEP 1 기본 문형 익히기

❶ い형용사의 마지막 글자 「い」를 삭제하고 「くて」를 붙이면 '~해서'라는 의미가 됩니다.

❷ な형용사의 마지막 글자 「だ」를 삭제하고 「で」를 붙이면 '~해서'라는 의미가 됩니다.

STEP 2 　A-B 대화문 듣고 따라 말하기

A　この 本は どうですか。
코노 홍와 도-데스까
이 책은 어때요?

B　この 本は 文字が 大きくて 読みやすいです。
코노 홍와 모지가 오-키쿠테 요미야스이데스
이 책은 글자가 커서 읽기 쉬워요.

STEP 3 　다양한 문장 직접 말하기

Q　この もちは どうですか。
코노 모치와 도-데스까
이 떡은 어때요?

A　この もちは 小さくて 食べやすいです。
코노 모치와 치-사쿠테 타베야스이데스
이 떡은 작아서 먹기 편해요.

Q 이 베개는 어때요?
この 枕は どうですか。
코노 마쿠라와 도-데스까

A 이 베개는 낮아서 자기 편해요.
この 枕は 低くて 寝やすいです。
코노 마쿠라와 히쿠테 네야스이데스

Q 이 방은 어때요?
この 部屋は どうですか。
코노 헤야와 도-데스까

A 이 방은 조용해서 집중하기 쉬워요.
この 部屋は 静かで 集中しやすいです。
코노 헤야와 시즈카데 슈-츄-시야스이데스

Q 이 노래는 어때요?
この 歌は どうですか。
코노 우타와 도-데스까

A 이 노래는 멜로디가 단순해서 부르기 쉬워요.
この 歌は メロディーが 単純で
코노 우타와 메로디-가 탄쥰데
歌いやすいです。
우타이야스이데스

직접 말해요!
실전 회화

 **STEP 4** 실전처럼 연습하기

TRACK 10-04

최지아 旅行先で、どんな アプリを 使いますか。
료코-사키데 돈나 아푸리오 츠카이마스까

스즈키 この アプリが 使いやすいですよ。
코노 아푸리가 츠카이야스이데스요

최지아 地図も 見やすいですか。
치즈모 미야스이데스까

스즈키 はい、文字も 大きくて 分かりやすいです。
하이 모지모 오-키쿠테 와카리야스이데스

TIP 일본어로 지도는 「地図」 외에도 영어 'map'에서 온 단어인 「マップ 맙푸」를 사용하기도 합니다.

최지아 여행지에서, 어떤 앱을 사용해요?
스즈키 이 앱이 사용하기 편해요.
최지아 지도도 보기 쉬워요?
스즈키 네, 글자도 커서 알기 쉬워요.

🖇 새 단어

地図 지도

실력을 확인해요! 필기 시험

단어 익히기

01 다음 제시된 단어를 보고 빈칸을 채워 보세요.

1. 한자 — 한자 _____ 히라가나 _____
2. 살다 — 한자 _____ 히라가나 _____
3. 가볍다 — 한자 _____ 히라가나 _____
4. 집중하다 — 한자 _____ 히라가나 _____

02 〈보기〉를 보고 빈칸에 적절한 단어를 넣어 문장을 완성해 보세요.

보기	文字(もじ) 　質問(しつもん) 　練習(れんしゅう) 　地図(ちず)

1. _____ は 見(み)やすいです。
   지도는 보기 쉬워요.

2. _____ しやすいです。
   연습하기 쉬워요.

3. _____ が 大(おお)きくて 分(わ)かりやすいです。
   글자가 커서 알기 쉬워요.

4. 先生(せんせい)は 親切(しんせつ)で _____ しやすいです。
   선생님은 친절해서 질문하기 편해요.

UNIT 10 이 앱은 사용하기 편해요.

 **문장 익히기**

03 다음 일본어 문장을 우리말로 해석해 보세요.

① ワンピースは 着やすいです。

② この 単語は 覚えやすいです。

③ この もちは 小さくて 食べやすいです。

④ この 枕は 低くて 寝やすいです。

⑤ この 靴は 軽くて 履きやすいです。

04 다음 우리말 문장을 일본어로 바꾸어 보세요.

① 서울은 살기 편해요.

② 이 앱은 사용하기 편해요.

③ 레스토랑은 예약하기 쉬워요.

④ 이 책은 글자가 커서 읽기 쉬워요.

⑤ 이 방은 조용해서 집중하기 쉬워요.

UNIT 11
漢字は 覚えにくいです。
한자는 외우기 힘들어요.

🤔 그림을 보면서 오늘 배울 내용을 추측해 보세요.

漢字は 覚えにくいです。
한자는 외우기 힘들어요.

 오늘 배울 단어를 듣고 따라 읽어 보세요.

TRACK 11-01

かんじ 漢字 한자	にくい ~(하)기 어렵다, ~(하)기 힘들다	も 持つ 들다, 가지다	ゆかた 浴衣 유카타[일본 전통 의상]	くすり 薬 약
すいえい 水泳 수영	くるま 車 자동차	ふ　し　ぎ 不思議だ 이상하다	しん 信じる 믿다	しょうせつ 小説 소설
くち 口 말, 입	ちゅうもん 注文 주문			

UNIT 11 한자는 외우기 힘들어요. 97

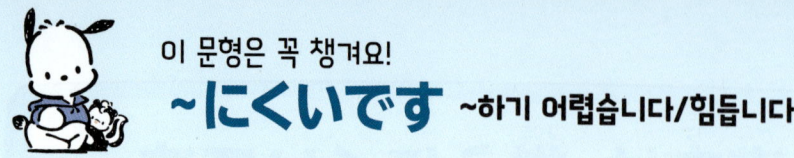

이 문형은 꼭 챙겨요!
~にくいです ~하기 어렵습니다/힘듭니다

 **STEP 1** 기본 문형 익히기

TRACK 11-02

동사 ます형 + にくいです
~하기 어려워요/힘들어요

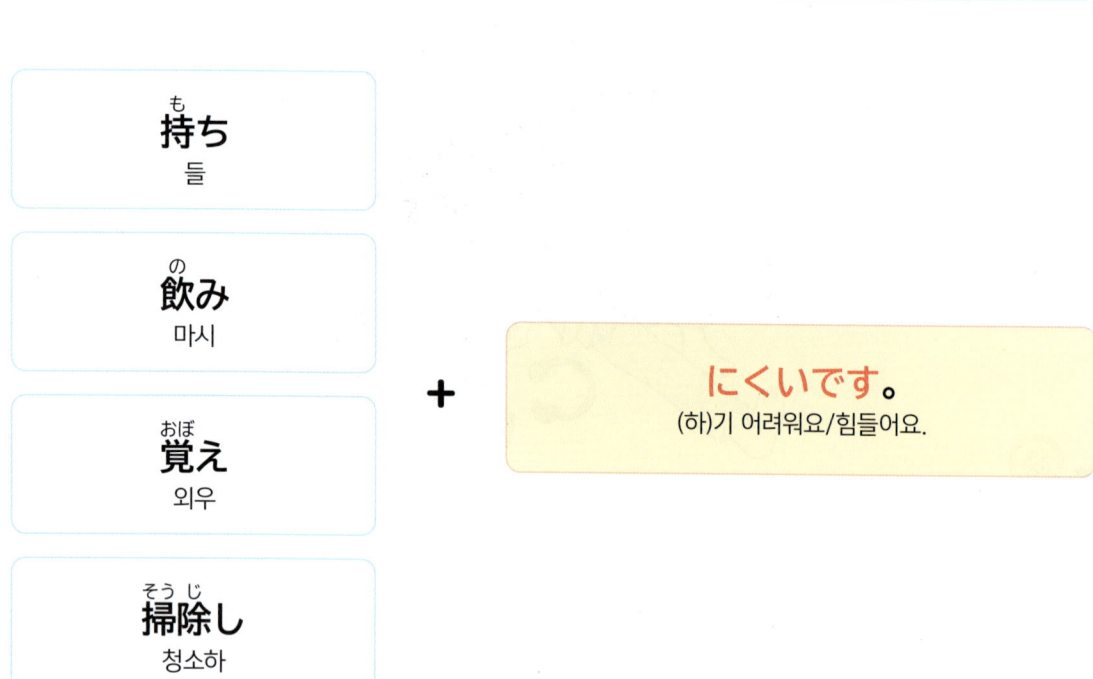

持(も)ち 들
飲(の)み 마시
覚(おぼ)え 외우
掃除(そうじ)し 청소하

+ にくいです。
(하)기 어려워요/힘들어요.

❶ ます형 뒤에 「ます」 대신 「にくい」를 붙이면 '~하기 어렵다, ~하기 힘들다'라는 뜻이 됩니다.

❷ 「にくい」 뒤에 「です」를 붙여서 「にくいです」를 만들면 '~하기 어렵습니다, ~하기 힘듭니다'라는 뜻이 됩니다.

 **STEP 2**　A-B 대화문 듣고 따라 말하기

A この 漢字(かんじ)は 覚(おぼ)えにくいですか。
이 한자는 외우기 힘들어요?

B はい、この 漢字(かんじ)は 覚(おぼ)えにくいです。
네, 이 한자는 외우기 힘들어요.

 **STEP 3**　다양한 문장 직접 말하기

Q 浴衣(ゆかた)は 着(き)にくいですか。
유카타는 입기 어려워요?

A はい、浴衣(ゆかた)は 着(き)にくいです。
네, 유카타는 입기 어려워요.

Q 이 약은 먹기 어려워요?
この 薬(くすり)は 飲(の)みにくいですか。

A 네, 이 약은 먹기 어려워요.
はい、この 薬(くすり)は 飲(の)みにくいです。

TIP 일본어로 '약을 먹다'라고 할 때는 동사 「食(た)べる 먹다」가 아닌 「飲(の)む 마시다」를 써서 표현합니다.

Q 수영은 가르치기 어려워요?
水泳(すいえい)は 教(おし)えにくいですか。

A 네, 수영은 가르치기 어려워요.
はい、水泳(すいえい)は 教(おし)えにくいです。

Q 이 자동차는 운전하기 어려워요?
この 車(くるま)は 運転(うんてん)しにくいですか。

A 네, 이 자동차는 운전하기 어려워요.
はい、この 車(くるま)は 運転(うんてん)しにくいです。

이 문형은 꼭 챙겨요!

~にくかったです ~하기 어려웠습니다/힘들었습니다

 기본 문형 익히기

```
い형용사 い くて
な형용사 だ で     +  동사 ます형  +  にくかったです
```

~해서 ~하기 어려웠어요/힘들었어요

難(むずか)しくて 어려워서	+	読(よ)み 읽	
不思議(ふしぎ)で 이상해서	+	信(しん)じ 믿	+ にくかったです。(하)기 어려웠어요/힘들었어요.
複雑(ふくざつ)で 복잡해서	+	覚(おぼ)え 외우	
遠(とお)くて 멀어서	+	来(き) 오	

❶ 「にくい」는 과거형을 만들 때 い형용사처럼 활용합니다.

い형용사의 과거형	にくい의 과거형
마지막 글자 「い」를 삭제한 후 「かった」를 붙입니다.	「にくい」에서 「い」를 삭제한 후 「かった」를 붙입니다. ⇨ 「にくかった」 ~하기 어려웠다, ~하기 힘들었다

STEP 2 A-B 대화문 듣고 따라 말하기

A この 小説は どうでしたか。
이 소설은 어땠어요?

B この 小説は 難しくて 読みにくかったです。
이 소설은 어려워서 읽기 힘들었어요.

STEP 3 다양한 문장 직접 말하기

Q 彼女の 料理は どうでしたか。
그녀의 요리는 어땠어요?

A 彼女の 料理は まずくて 食べにくかったです。
그녀의 요리는 맛없어서 먹기 힘들었어요.

Q 그의 수업은 어땠어요?
彼の 授業は どうでしたか。

A 말이 빨라서 이해하기 힘들었어요.
口が 早くて 分かりにくかったです。

Q 이 셔츠는 어땠어요?
この シャツは どうでしたか。

A 이 셔츠는 작아서 입기 힘들었어요.
この シャツは 小さくて 着にくかったです。

Q 저 가게는 어땠어요?
あの 店は どうでしたか。

A 점원이 불친절해서 주문하기 어려웠어요.
店員さんが 不親切で 注文しにくかったです。

직접 말해요!
실전 회화

 **실전처럼 연습하기**

TRACK 11-04

김태모 この メニュー、漢字(かんじ)が 多(おお)いですね。

다나카 そうですね。

김태모 字(じ)が 小(ちい)さくて 読(よ)みにくいです。

다나카 値段(ねだん)も 見(み)にくいですね。

김태모 さっきの レストランは 読(よ)みやすかったです。

다나카 そうですね。

TIP 「そうですね 그러게요」는 위의 대화에서처럼 상대방의 말에 동의하거나 공감할 때도 자주 쓰이지만, 상대방에게 질문을 받았을 때 생각을 정리하거나 시간을 벌 때도 사용할 수 있습니다. 이 경우에는 '음……', '글쎄요……'라는 의미로 해석됩니다.

Ⓐ 夏休(なつやす)みは どこに 行(い)きたいですか。　　여름휴가에는 어디에 가고 싶나요?

Ⓑ そうですね…… 日本(にほん)に 行(い)きたいです。　음…… 일본에 가고 싶어요.

김태모 이 메뉴판, 한자가 많네요.

다나카 그러게요.

김태모 글씨가 작아서 읽기 힘들어요.

다나카 가격도 보기 어렵네요.

김태모 아까 전의 레스토랑은 읽기 쉬웠어요.

다나카 그러게요.

 새 단어

字(じ) 글씨　|　値段(ねだん) 가격　|　さっき 아까, 조금 전

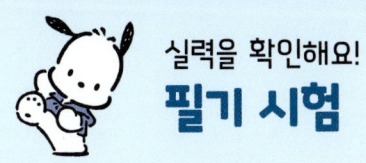

실력을 확인해요!
필기 시험

🖊 단어 익히기

01 다음 제시된 단어를 보고 빈칸을 채워 보세요.

1. 자동차　한자 _____　히라가나 _____
2. 이상하다　한자 _____　히라가나 _____
3. 소설　한자 _____　히라가나 _____
4. 가격　한자 _____　히라가나 _____

02 〈보기〉를 보고 빈칸에 적절한 단어를 넣어 문장을 완성해 보세요.

| 보기 | くち
口 | ちゅうもん
注文 | すいえい
水泳 | くすり
薬 |

1. _____ は 飲みにくいです。
   약은 먹기 어려워요.

2. _____ は 教えにくいです。
   수영은 가르치기 어려워요.

3. _____ が 早くて 分かりにくかったです。
   말이 빨라서 이해하기 힘들었어요.

4. 店員さんが 不親切で _____ しにくかったです。
   점원이 불친절해서 주문하기 어려웠어요.

UNIT 11 한자는 외우기 힘들어요. 103

03 다음 일본어 문장을 우리말로 해석해 보세요.

1 字が 小さくて 読みにくいです。

2 遠くて 来にくかったです。

3 この シャツは 小さくて 着にくかったです。

4 彼の 授業は どうでしたか。

5 この メニュー、漢字が 多いですね。

04 다음 우리말 문장을 일본어로 바꾸어 보세요.

1 청소하기 힘들어요.

2 이 자동차는 운전하기 어려워요.

3 이 한자는 복잡해서 외우기 힘들었어요.

4 그녀의 요리는 맛없어서 먹기 힘들었어요.

5 유카타는 입기 어려워요?

UNIT 12
ゲームを しすぎました。
게임을 너무 많이 했어요.

🤔 **그림을 보면서 오늘 배울 내용을 추측해 보세요.**

ゲームを しすぎました。
게임을 너무 많이 했어요.

 오늘 배울 단어를 듣고 따라 읽어 보세요.

TRACK 12-01

あま もの 甘い物 단것	しお 塩 소금	い 入れる 넣다	なに 何か 뭔가, 무언가	でも ~라도
さいきん 最近 요즘, 최근	はたら 働く 일하다	つか 疲れる 지치다	ゆび 指 손가락	いた 痛い 아프다
うるさい 시끄럽다	は で 派手だ 화려하다	どうして 왜	のこ 残す 남기다	に もつ 荷物 짐

이 문형은 꼭 챙겨요!
~すぎます 너무 (많이) ~합니다

STEP 1　기본 문형 익히기

TRACK 12-02

| 명사 を | + | 동사 ます형 | + | すぎます | ~을/를 너무 (많이) ~해요 |
| 명사 を | + | 동사 ます형 | + | すぎました | ~을/를 너무 (많이) ~했어요 |

お金を
돈을
+
使いすぎます。
너무 많이 사용해요.

甘い物を
단것을
+
食べすぎます。
너무 많이 먹어요.

塩を
소금을
+
入れすぎました。
너무 많이 넣었어요.

ゲームを
게임을
+
しすぎました。
너무 많이 했어요.

❶ ます형 뒤에 「ます」 대신 「すぎる」를 붙이면 '너무 (많이) ~하다'라는 뜻으로 정도가 과함을 나타냅니다.

❷ 「すぎる」 뒤에 「ます」를 붙여서 「すぎます」를 만들면 '너무 (많이) ~합니다'라는 뜻이 됩니다.

❸ 「すぎる」 뒤에 「ました」를 붙여서 「すぎました」를 만들면 '너무 (많이) ~했습니다'라는 뜻이 되며, 회화에서는 주로 과거형인 「すぎました」의 형태로 사용합니다.

STEP 2   A-B 대화문 듣고 따라 말하기

A 何か 問題でも ありますか。
뭔가 문제라도 있나요?

B 最近、ゲームを しすぎました。
요즘, 게임을 너무 많이 했어요.

STEP 3   다양한 문장 직접 말하기

Q 何か 問題でも ありますか。
뭔가 문제라도 있나요?

A デパートで お金を 使いすぎました。
백화점에서 돈을 너무 많이 사용했어요.

Q 뭔가 문제라도 있나요?
何か 問題でも ありますか。

A 밤에, 커피를 너무 많이 마셨어요.
夜、コーヒーを 飲みすぎました。

Q 뭔가 문제라도 있나요?
何か 問題でも ありますか。

A 주말에, 스마트폰을 너무 많이 봤어요.
週末、スマホを 見すぎました。

Q 뭔가 문제라도 있나요?
何か 問題でも ありますか。

A 어제, 전화를 너무 많이 했어요.
昨日、電話を しすぎました。

이 문형은 꼭 챙겨요!
~すぎて 너무 (많이) ~해서

STEP 1　기본 문형 익히기

TRACK 12-03

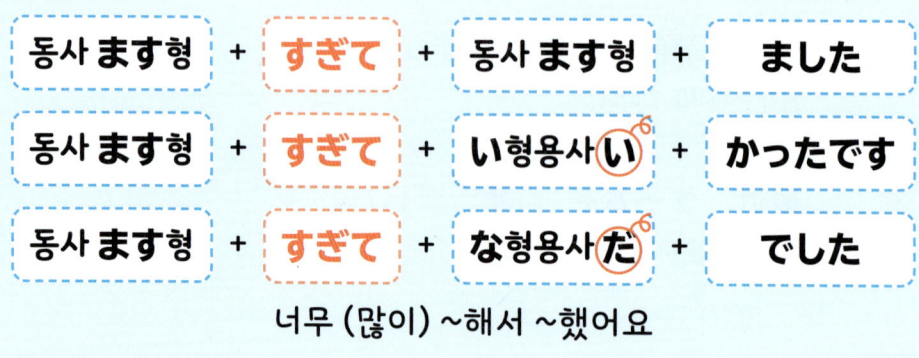

동사 ます형	+	すぎて	+	동사 ます형	+	ました
동사 ます형	+	すぎて	+	い형용사 い	+	かったです
동사 ます형	+	すぎて	+	な형용사 だ	+	でした

너무 (많이) ~해서 ~했어요

働はたらきすぎて
너무 많이 일해서
　+　
疲つかれました。
지쳤어요.

練習れんしゅうしすぎて
너무 많이 연습해서
　+　
指ゆびが 痛いたかったです。
손가락이 아팠어요.

静しずかすぎて
너무 많이 조용해서
　+　
退屈たいくつでした。
지루했어요.

❶ ます형 뒤에「ます」대신「すぎて」를 붙이면 '너무 (많이) ~(해)서'라는 뜻으로 정도가 지나쳐서 어떠한 상태가 되었는지 말할 때 사용하는 표현입니다.

❷ 「すぎる」는 동사뿐만 아니라 형용사와도 접속하여 쓰이는데,「い형용사 い + すぎる」,「な형용사 だ + すぎる」처럼 사용할 수 있습니다.

	기본형	현재형	과거형
い형용사	うるさすぎる。 너무 많이 시끄럽다.	うるさすぎます。 너무 많이 시끄러워요.	うるさかったです。 너무 많이 시끄러웠어요.
な형용사	派手はですぎる。 너무 많이 화려하다.	派手はですぎます。 너무 많이 화려해요.	派手はででした。 너무 많이 화려했어요.

STEP 2 A-B 대화문 듣고 따라 말하기

A どうして 疲れましたか。
왜 지쳤나요?

B 昨日、働きすぎて 疲れました。
어제, 너무 많이 일해서 지쳤어요.

STEP 3 다양한 문장 직접 말하기

Q どうして お腹が 痛かったですか。
왜 배가 아팠나요?

A ご飯を 食べすぎて お腹が 痛かったです。
밥을 너무 많이 먹어서 배가 아팠어요.

Q 왜 빵을 남겼나요?
どうして パンを 残しましたか。

A 빵을 너무 많이 만들어서 남겼어요.
パンを 作りすぎて 残しました。

Q 왜 더웠나요?
どうして 暑かったですか。

A 옷을 너무 많이 입어서 더웠어요.
服を 着すぎて 暑かったです。

Q 왜 짐이 많았나요?
どうして 荷物が 多かったですか。

A 쇼핑을 너무 많이 해서 짐이 많았어요.
買い物を しすぎて 荷物が 多かったです。

직접 말해요! 실전 회화

STEP 4 실전처럼 연습하기

TRACK 12-04

최지아	鈴木さん、クッキー 食べますか。
스즈키	わ～ 食べたいです！
최지아	この クッキー、私が 作りました。どうぞ。
스즈키	いただきます！あっ、塩っぱい！
최지아	へへ、塩を 少し 入れすぎました。
스즈키	これは「少し」じゃありませんよ！

TIP 일본에서는 「しお 소금」 외에 「さとう 설탕」, 「す 식초」, 「しょうゆ 간장」, 「みそ 된장」를 포함한 다섯 가지 조미료를 「さしすせそ 사시스세소」라고 표현합니다. 참고로 예전에는 「しょうゆ 간장」을 「せうゆ」라고 읽었습니다.

최지아	스즈키 씨, 쿠키 먹을래요?
스즈키	와~ 먹고 싶어요!
최지아	이 쿠키, 제가 만들었어요. 여기요.
스즈키	잘 먹겠습니다! 앗, 짜!
최지아	헤헤, 소금을 조금 많이 넣었어요.
스즈키	이건 '조금'이 아니에요!

📌 새 단어

クッキー 쿠키 | どうぞ 여기요 | いただきます 잘 먹겠습니다 | あっ 앗[놀라거나 감동했을 때 내는 소리] | 塩っぱい (맛이) 짜다 | へへ 헤헤[쑥스럽거나 민망할 때 내는 소리]

실력을 확인해요! 필기 시험

🖊 단어 익히기

01 다음 제시된 단어를 보고 빈칸을 채워 보세요.

1. 짐 　　한자 _____　　히라가나 _____
2. 요즘, 최근 　　한자 _____　　히라가나 _____
3. 남기다 　　한자 _____　　히라가나 _____
4. 화려하다 　　한자 _____　　히라가나 _____

02 〈보기〉를 보고 빈칸에 적절한 단어를 넣어 문장을 완성해 보세요.

| 보기 | 塩(しお)　　働(はたら)く　　指(ゆび)　　何(なに)か |

1. _____ を 入(い)れすぎました。
   소금을 너무 많이 넣었어요.

2. 練習(れんしゅう)しすぎて _____ が 痛(いた)かったです。
   너무 많이 연습해서 손가락이 아팠어요.

3. 昨日(きのう)、_____ すぎて 疲(つか)れました。
   어제, 너무 많이 일해서 지쳤어요.

4. _____ 問題(もんだい)でも ありますか。
   뭔가 문제라도 있나요?

UNIT 12 게임을 너무 많이 했어요. 111

 **문장 익히기**

03 다음 일본어 문장을 우리말로 해석해 보세요.

1. 夜、コーヒーを 飲みすぎました。

2. 週末、スマホを 見すぎました。

3. ご飯を 食べすぎて お腹が 痛かったです。

4. パンを 作りすぎて 残しました。

5. 買い物を しすぎて 荷物が 多かったです。

04 다음 우리말 문장을 일본어로 바꾸어 보세요.

1. 백화점에서 돈을 너무 많이 사용했어요.

2. 어제, 전화를 너무 많이 했어요.

3. 너무 많이 조용해서 지루했어요.

4. 옷을 너무 많이 입어서 더웠어요.

5. 이 쿠키, 제가 만들었어요.

UNIT 13
景色が きれいに 見えます。
경치가 예쁘게 보여요.

 그림을 보면서 오늘 배울 내용을 추측해 보세요.

오늘 배울 단어를 듣고 따라 읽어 보세요.

TRACK 13-01

見える	正直だ	言う	廊下	くん
보이다	정직하다	말하다	복도	군[주로 남성에게 쓰이는 친근한 호칭]
熱心だ	準備する	強い	主張する	終わる
열심이다	준비하다	강하다	주장하다	끝나다
それに	過ごす	遅い		
게다가	보내다	늦다		

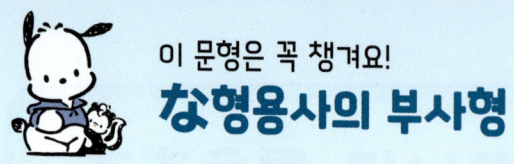

な형용사의 부사형

이 문형은 꼭 챙겨요!

 **STEP 1** 기본 문형 익히기

TRACK 13-02

な형용사 ~~だ~~ + に + 동사 ます형 + ます
~하게/~히 ~해요

な형용사 ~~だ~~ + に + 동사 ます형 + ました
~하게/~히 ~했어요

静かだ (しず) 조용		歩きます。(ある) 걸어요.
正直だ (しょうじき) 정직	+ に (하)게, 히 +	言います。(い) 말해요.
きれいだ 예쁘		見えます。(み) 보여요.
安全だ (あんぜん) 안전		運転しました。(うんてん) 운전했어요.

❶ な형용사의 마지막 글자 「だ」를 삭제하고 「に」를 붙이면 '~하게, ~히'라는 의미가 됩니다.

❷ 형용사를 부사형으로 만들면 뒤에 오는 동사를 수식할 수 있습니다.

STEP 2　A-B 대화문 듣고 따라 말하기

A 廊下で 静かに 歩きますか。
복도에서 조용히 걷나요?

B はい、廊下で 静かに 歩きます。
네, 복도에서 조용히 걸어요.

STEP 3　다양한 문장 직접 말하기

Q 今日の 昼ご飯は 簡単に 食べますか。
오늘 점심은 간단하게 먹나요?

A はい、今日の 昼ご飯は 簡単に 食べます。
네, 오늘 점심은 간단하게 먹어요.

Q 점원은 정중하게 이야기하나요?
店員さんは 丁寧に 話しますか。

A 네, 점원은 정중하게 이야기해요.
はい、店員さんは 丁寧に 話します。

Q 선생님은 능숙하게 가르치나요?
先生は 上手に 教えますか。

A 네, 선생님은 능숙하게 가르쳐요.
はい、先生は 上手に 教えます。

Q 다나카 군은 열심히 준비했나요?
田中くんは 熱心に 準備しましたか。

A 네, 다나카 군은 열심히 준비했어요.
はい、田中くんは 熱心に 準備しました。

> **TIP** 「くん」은 '~군'이라는 의미로, 주로 남성에게 쓰이는 친근한 호칭입니다. 또래나 손아랫사람의 이름 뒤에 붙여서 사용됩니다.

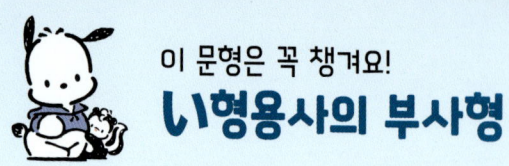

이 문형은 꼭 챙겨요!
い형용사의 부사형

 **STEP 1** 기본 문형 익히기

TRACK 13-03

い형용사 ~~い~~ + く + 동사 ます형 + ます
~하게/~히 ~해요

い형용사 ~~い~~ + く + 동사 ます형 + ました
~하게/~히 ~했어요

早(はや)い 빠르		終(お)わります。 끝나요.
冷(つめ)たい 차갑		食(た)べます。 먹어요.
おいしい 맛있	**+** く (하)게, 히 **+**	作(つく)りました。 만들었어요.
強(つよ)い 강		主張(しゅちょう)しました。 주장했어요.

❶ い형용사의 마지막 글자 「い」를 삭제하고 「く」를 붙이면 '~하게, ~히'라는 의미가 됩니다.

 **A-B 대화문 듣고 따라 말하기**

A 授業は 早く 終わりますか。
수업은 빨리 끝나요?

B はい、授業は 早く 終わります。
네, 수업은 빨리 끝나요.

 **다양한 문장 직접 말하기**

Q 彼女は 優しく 答えましたか。
그녀는 상냥하게 대답했나요?

A はい、彼女は 優しく 答えました。
네, 그녀는 상냥하게 대답했어요.

Q 주말에는 즐겁게 놀았나요? 週末は 楽しく 遊びましたか。	**A** 네, 게다가 바쁘게 보냈어요. はい、それに 忙しく 過ごしました。
Q 어제, 운동을 많이 했나요? 昨日、運動を たくさん しましたか。	**A** 네, 게다가 늦게 잤어요. はい、それに 遅く 寝ました。
Q 호텔은 깨끗했나요? ホテルは きれいでしたか。	**A** 네, 게다가 싸게 예약했어요. はい、それに 安く 予約しました。

UNIT 13 경치가 예쁘게 보여요. 117

직접 말해요!
실전 회화

 **실전처럼 연습하기**

TRACK 13-04

김태모	この ホテル、景色が きれいに 見えますね。
다나카	本当ですね！
김태모	それに スタッフも 親切です。
다나카	チェックインも 早く 終わりました。
김태모	とても 素晴らしい ホテルです。
다나카	はい、また 来たいです。

TIP 「素晴らしい」는 '멋지다, 훌륭하다'라는 의미로 「素敵だ」와 비슷한 뜻이지만 약간의 뉘앙스 차이가 있습니다. 「素晴らしい」는 능력이나 성과, 규모, 서비스 등 객관적으로 우수하거나 뛰어난 것을 평가할 때 주로 쓰고, 「素敵だ」는 '멋지다, 근사하다'라는 의미로 외모, 분위기, 경치 등 주관적인 인상을 나타낼 때 주로 씁니다.

スタッフも 親切で 素晴らしいですね！   직원도 친절하고 멋지네요!
素敵な 景色ですね！   멋진 경치네요!

김태모	이 호텔, 경치가 예쁘게 보이네요.
다나카	정말이네요!
김태모	게다가 직원도 친절해요.
다나카	체크인도 빨리 끝났어요.
김태모	매우 멋진 호텔이에요.
다나카	네, 또 오고 싶어요.

📌 새 단어

スタッフ 직원 | チェックイン 체크인 | 素晴らしい 멋지다, 훌륭하다 | また 또

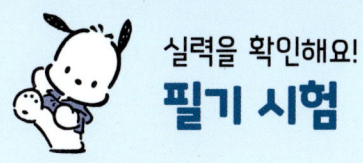

실력을 확인해요! 필기 시험

단어 익히기

01 다음 제시된 단어를 보고 빈칸을 채워 보세요.

1. 말하다   한자 _____   히라가나 _____
2. 강하다   한자 _____   히라가나 _____
3. 복도   한자 _____   히라가나 _____
4. 끝나다   한자 _____   히라가나 _____

02 〈보기〉를 보고 빈칸에 적절한 단어를 넣어 문장을 완성해 보세요.

| 보기 | ていねい
丁寧だ | しょうじき
正直だ | チェックイン | それに |

1. _____ 言(い)います。
   정직하게 말해요.

2. 店員(てんいん)さんは _____ 話(はな)します。
   점원은 정중하게 이야기해요.

3. _____ 遅(おそ)く 寝(ね)ました。
   게다가 늦게 잤어요.

4. _____ も 早(はや)く 終(お)わりました。
   체크인도 빨리 끝났어요.

UNIT 13 경치가 예쁘게 보여요. 119

 **문장 익히기**

03 다음 일본어 문장을 우리말로 해석해 보세요.

① 先生は 上手に 教えます。

② 彼女は 優しく 答えました。

③ それに スタッフも 親切です。

④ 廊下で 静かに 歩きますか。

⑤ この ホテル、景色が きれいに 見えますね。

04 다음 우리말 문장을 일본어로 바꾸어 보세요.

① 수업은 빨리 끝나요.

② 다나카 군은 열심히 준비했어요.

③ 게다가 바쁘게 보냈어요.

④ 게다가 싸게 예약했어요.

⑤ 오늘 점심은 간단하게 먹나요?

UNIT 14

海で 泳ぐ ことが できます。
바다에서 헤엄칠 수 있어요.

 그림을 보면서 오늘 배울 내용을 추측해 보세요.

私は 海で 泳ぐ ことが できます。
저는 바다에서 헤엄칠 수 있어요.

오늘 배울 단어를 듣고 따라 읽어 보세요.

TRACK 14-01

泳ぐ 헤엄치다, 수영하다	できる 할 수 있다	あなた 당신	もう 더	何時 몇 시
から ~부터	預ける 맡기다	連絡する 연락하다	海外 해외	午後 오후
夕方 저녁				

UNIT 14 바다에서 헤엄칠 수 있어요. 121

이 문형은 꼭 챙겨요!
~ことが できます ~할 수 있습니다

 **STEP 1** 기본 문형 익히기

TRACK 14-02

동사 기본형 + **ことが できます** ~할 수 있어요

| 書く 쓸 |
| 借りる 빌릴 |
| 泳ぐ 헤엄칠 |
| 来る 올 |

+ **ことが できます。** 수 있어요.

❶ 동사 기본형 뒤에「ことが できる」를 붙이면 '~할 수 있다'라는 뜻이 되며 어떤 일이 가능함을 나타낼 때 쓰는 표현입니다.

❷ 「ことが できる」에서「こと」는 '것'이라는 의미의 명사,「できる」는 '할 수 있다'라는 의미의 동사이므로 직역하면 '~하는 것을 할 수 있다'라는 뜻이 됩니다.

❸ 「できる」뒤에「ます」를 붙여서「ことが できます」를 만들면 '~할 수 있습니다'라는 뜻이 됩니다.

 **STEP 2** **A-B 대화문 듣고 따라 말하기**

A 海で 泳ぐ ことが できますか。
바다에서 헤엄칠 수 있나요?

B はい、私は 海で 泳ぐ ことが できます。
네, 저는 바다에서 헤엄칠 수 있어요.

 **STEP 3** **다양한 문장 직접 말하기**

Q あなたは なっとうを 食べる ことが できますか。
당신은 낫토를 먹을 수 있나요?

A はい、私は なっとうを 食べる ことが できます。
네, 저는 낫토를 먹을 수 있어요.

Q 조금 더 기다릴 수 있나요?
もう ちょっと 待つ ことが できますか。

A 조금 더 기다릴 수 있어요.
もう ちょっと 待つ ことが できます。

Q 몇 시부터 몇 시까지 짐을 맡길 수 있나요?
何時から 何時まで 荷物を 預ける ことが できますか。

A 10시부터 6시까지 짐을 맡길 수 있어요.
10時から 6時まで 荷物を 預ける ことが できます。

Q 몇 시부터 몇 시까지 연락할 수 있나요?
何時から 何時まで 連絡する ことが できますか。

A 8시부터 11시까지 연락할 수 있어요.
8時から 11時まで 連絡する ことが できます。

TIP 「~から ~まで」는 '~부터 ~까지'라는 의미로 시간이나 장소, 금액 등의 범위를 나타낼 때 사용합니다.

이 문형은 꼭 챙겨요!

~ことが できません ~할 수 없습니다

 **STEP 1** 기본 문형 익히기

TRACK 14-03

동사 기본형 + ことが できません ~할 수 없어요

使う
사용할

開ける
열

入る
들어갈

会議する
회의할

+

ことが できません。
수 없어요.

❶ 동사 기본형 뒤에 「ことが できない」를 붙이면 '~할 수 없다'라는 뜻이 됩니다.
❷ 「ない」 대신 「ません」을 붙여서 「ことが できません」을 만들면 '~할 수 없습니다'라는 뜻이 됩니다.

STEP 2 A-B 대화문 듣고 따라 말하기

A 学校で スマホを 使う ことが できますか。
학교에서 스마트폰을 사용할 수 있나요?

B いいえ、学校で スマホを 使う ことが できません。
아니요, 학교에서 스마트폰을 사용할 수 없어요.

STEP 3 다양한 문장 직접 말하기

Q 一人で 海外旅行に 行く ことが できますか。
혼자서 해외여행을 갈 수 있나요?

A いいえ、一人で 海外旅行に 行く ことが できません。
아니요, 혼자서 해외여행을 갈 수 없어요.

TIP '여행을 가다'라고 할 때는 조사 「を」 대신 「に」를 사용해서 표현합니다.

Q 여기에서 수영할 수 있나요?
ここで 泳ぐ ことが できますか。

A 무서워서 수영할 수 없어요.
怖くて 泳ぐ ことが できません。

Q 오후에 가르칠 수 있나요?
午後に 教える ことが できますか。

A 1시부터 3시까지는 가르칠 수 없어요.
1時から 3時までは 教える ことが できません。

Q 저녁에는 같이 운동할 수 있나요?
夕方は 一緒に 運動する ことが できますか。

A 5시부터 7시까지는 운동할 수 없어요.
5時から 7時までは 運動する ことが できません。

직접 말해요! 실전 회화

 **실전처럼 연습하기**

TRACK 14-04

스즈키	これ、韓国の お金ですか。
최지아	はい。これを 両替したいです。
스즈키	銀行で 両替する ことが できます。
최지아	銀行は 何時から 何時までですか。
스즈키	9時から 3時までですよ。
최지아	ありがとうございます。

TIP 숫자 9는「きゅう」또는「く」로 발음할 수 있지만, 9시라고 할 때는「く」로 발음해야 합니다.

스즈키	이거, 한국 돈이에요?
최지아	네. 이것을 환전하고 싶어요.
스즈키	은행에서 환전할 수 있어요.
최지아	은행은 몇 시부터 몇 시까지예요?
스즈키	9시부터 3시까지예요.
최지아	고마워요.

 **새 단어**

韓国 한국 | 両替する 환전하다 | 銀行 은행 | ありがとうございます 고맙습니다, 감사합니다

실력을 확인해요! 필기 시험

단어 익히기

01 다음 제시된 단어를 보고 빈칸을 채워 보세요.

1. 몇 시   한자 _____   히라가나 _____
2. 오후   한자 _____   히라가나 _____
3. 저녁   한자 _____   히라가나 _____
4. 은행   한자 _____   히라가나 _____

02 〈보기〉를 보고 빈칸에 적절한 단어를 넣어 문장을 완성해 보세요.

| 보기 | 両替(りょうがえ)する   預(あず)ける   ちょっと   あなた |

1. ここで _____ ことが できます。
   여기에서 환전할 수 있어요.

2. 荷物(にもつ)を _____ ことが できます。
   짐을 맡길 수 있어요.

3. _____ は なっとうを 食(た)べる ことが できますか。
   당신은 낫토를 먹을 수 있나요?

4. もう _____ 待(ま)つ ことが できますか。
   조금 더 기다릴 수 있나요?

UNIT 14 바다에서 헤엄칠 수 있어요. 127

 **문장 익히기**

03   다음 일본어 문장을 우리말로 해석해 보세요.

① 銀行は 9時から 3時までですよ。

② 8時から 11時まで 連絡する ことが できます。

③ 一人で 海外旅行に 行く ことが できません。

④ 午後に 教える ことが できますか。

⑤ 夕方は 一緒に 運動する ことが できますか。

04   다음 우리말 문장을 일본어로 바꾸어 보세요.

① 저는 낫토를 먹을 수 있어요.

② 책을 빌릴 수 있어요.

③ 무서워서 수영할 수 없어요.

④ 1시부터 3시까지는 회의할 수 없어요.

⑤ 학교에서 스마트폰을 사용할 수 있나요?

UNIT 15
家で ゆっくり 休む つもりです。
집에서 느긋하게 쉴 생각이에요.

그림을 보면서 오늘 배울 내용을 추측해 보세요.

家で ゆっくり 休む つもりです。
집에서 느긋하게 쉴 생각이에요.

오늘 배울 단어를 듣고 따라 읽어 보세요.

TRACK 15-01

ゆっくり 느긋하게	辞める 그만두다	ドライブする 드라이브하다	公演 공연	ヨーロッパ 유럽
来週 다음 주	引っ越し 이사	サッカーする 축구하다	ネクタイ 넥타이	食堂 식당
日曜日 일요일	ごろごろする 뒹굴뒹굴하다	今週 이번 주		

 이 문형은 꼭 챙겨요!
~つもりです ~할 생각입니다

STEP 1   기본 문형 익히기

TRACK 15-02

동사 기본형 + つもりです ~할 생각이에요

行(い)く
갈

休(やす)む
쉴

辞(や)める
그만둘

ドライブする
드라이브할

+

つもりです。
(할) 생각이에요.

❶ 동사 기본형 뒤에 「つもりです」를 붙이면 '~할 생각입니다, ~할 예정입니다'라는 뜻이 되며 앞으로의 계획이나 결심, 의도 등을 말할 때 쓸 수 있는 표현입니다.

❷ 「つもりです」에서 「つもり」는 '생각, 예정'이라는 의미의 명사입니다.

STEP 2 　A-B 대화문 듣고 따라 말하기

A 週末は 何を する つもりですか。
주말에는 무엇을 할 생각이에요?

B 週末は ゆっくり 休む つもりです。
주말에는 느긋하게 쉴 생각이에요.

STEP 3 　다양한 문장 직접 말하기

Q 午後は 何を する つもりですか。
오후에는 무엇을 할 생각이에요?

A 午後は 公演を 見る つもりです。
오후에는 공연을 볼 생각이에요.

Q 여름 방학에는 무엇을 할 생각이에요?
夏休みは 何を する つもりですか。

A 여름 방학에는 유럽에 갈 생각이에요.
夏休みは ヨーロッパに 行く つもりです。

Q 다음 주는 무엇을 할 생각이에요?
来週は 何を する つもりですか。

A 다음 주에는 이사를 할 생각이에요.
来週は 引っ越しを する つもりです。

Q 내일은 무엇을 할 생각이에요?
明日は 何を する つもりですか。

A 내일은 리포트를 쓸 생각이에요.
明日は レポートを 書く つもりです。

이 문형은 꼭 챙겨요!
~つもりでした ~할 생각이었습니다

STEP 1 기본 문형 익히기

TRACK 15-03

동사 기본형 + つもりでした ~할 생각이었어요

| 買う 살 |
| 着る 입을 | + | つもりでした。
(할) 생각이었어요. |
| 答える 대답할 |
| サッカーする 축구할 |

❶ 「です」 대신 「でした」를 붙여서 「つもりでした」를 만들면 '~할 생각이었습니다, ~할 예정이었습니다'라는 뜻이 됩니다.

 **STEP 2**　A-B 대화문 듣고 따라 말하기

A　デパートで 何を 買う つもりでしたか。
백화점에서 무엇을 살 생각이었어요?

B　デパートで ネクタイを 買う つもりでした。
백화점에서 넥타이를 살 생각이었어요.

 **STEP 3**　다양한 문장 직접 말하기

Q　食堂で 何を 食べる つもりでしたか。
식당에서 무엇을 먹을 생각이었어요?

A　食堂で そばを 食べる つもりでした。
식당에서 소바를 먹을 생각이었어요.

Q 일요일에는 무엇을 할 생각이었어요?
日曜日は 何を する つもりでしたか。

A 일요일에는 집에서 뒹굴뒹굴할 생각이었어요.
日曜日は 家で ごろごろする つもりでした。

Q 어제는 무엇을 할 생각이었어요?
昨日は 何を する つもりでしたか。

A 어제는 남자 친구와 데이트할 생각이었어요.
昨日は 彼氏と デートする つもりでした。

Q 이번 주에는 무엇을 할 생각이었어요?
今週は 何を する つもりでしたか。

A 이번 주에는 바쁘게 일할 생각이었어요.
今週は 忙しく 働く つもりでした。

직접 말해요!
실전 회화

 **실전처럼 연습하기**

TRACK 15-04

김태오	夏休みに 何を する つもりですか。
다나카	海に 行く つもりです。
김태오	海で 泳ぐ ことが できますか。
다나카	はい、もちろんです。
김태오	私は おいしい お店を 探す つもりです。
다나카	いいですね！ 一緒に 行きたいです！

TIP 일본어로 「夏休み」라고 하면 '여름 방학'이라는 의미 외에 '여름휴가'라는 의미로도 사용할 수 있습니다. 참고로 '겨울방학, 겨울휴가'는 「冬休み」라고 합니다.

김태오	여름 방학에 무엇을 할 생각이에요?
다나카	바다에 갈 생각이에요.
김태오	바다에서 헤엄칠 수 있어요?
다나카	네, 물론이죠.
김태오	저는 맛있는 가게를 찾을 생각이에요.
다나카	좋네요! 같이 가고 싶어요!

 새 단어

もちろん 물론 | 探す 찾다

실력을 확인해요! 필기 시험

단어 익히기

01 다음 제시된 단어를 보고 빈칸을 채워 보세요.

1. 찾다   한자 _____   히라가나 _____
2. 공연   한자 _____   히라가나 _____
3. 이번 주   한자 _____   히라가나 _____
4. 그만두다   한자 _____   히라가나 _____

02 〈보기〉를 보고 빈칸에 적절한 단어를 넣어 문장을 완성해 보세요.

보기	サッカー　　ヨーロッパ　　ゆっくり　　ネクタイ

1. _____ に 行く つもりです。
   유럽에 갈 생각이에요.

2. 週末は _____ 休む つもりです。
   주말에는 느긋하게 쉴 생각이에요.

3. _____ する つもりでした。
   축구할 생각이었어요.

4. デパートで _____ を 買う つもりでした。
   백화점에서 넥타이를 살 생각이었어요.

UNIT 15 집에서 느긋하게 쉴 생각이에요. 135

03 다음 일본어 문장을 우리말로 해석해 보세요.

1. 午後は 公演を 見る つもりです。

2. 来週は 引っ越しを する つもりです。

3. 私は おいしい お店を 探す つもりです。

4. 食堂で そばを 食べる つもりでした。

5. 昨日は 彼氏と デートする つもりでした。

04 다음 우리말 문장을 일본어로 바꾸어 보세요.

1. 오후에는 드라이브할 생각이에요.

2. 내일은 리포트를 쓸 생각이에요.

3. 바다에서 헤엄칠 생각이었어요.

4. 이번 주에는 바쁘게 일할 생각이었어요.

5. 다음 주 주말에는 무엇을 할 생각이에요?

UNIT 16 ぜったいに 買わない。
절대로 사지 않아.

🤔 그림을 보면서 오늘 배울 내용을 추측해 보세요.

이거 살 거야?

ぜったいに 買わない。
절대로 사지 않아.

TRACK 16-01

 오늘 배울 단어를 듣고 따라 읽어 보세요.

ぜったいに 절대로	わす 忘れる 잊다	あめ 雨 비	ふ 降る 내리다	フルーツ 과일
な 泣く 울다	こんかい 今回 이번	ま 負ける 지다	ひみつ 비밀	だれ 誰にも 누구에게도, 아무에게도
やくそく 約束 약속	ちこく 遅刻する 지각하다			

UNIT 16 절대로 사지 않아.

문법 개념을 다져요!
~ない ~하지 않는다 [동사의 현재 부정 표현]

1. ない형 [동사의 현재 부정 표현]

동사는 부정 표현을 만들 때 「ない」를 붙여 '~하지 않는다, ~안 한다'라고 합니다. 또한 「ない」는 '~하지 않을 것이다, ~안 할 것이다'와 같은 미래의 의미도 포함하고 있습니다.

2. 1그룹 동사+ない

동사의 마지막 글자인 う단을 あ단으로 바꾸고 「ない」를 붙입니다. 단, 마지막 글자가 う인 경우에는 あ가 아닌 わ로 바꿔야 합니다.

예외   단, 「ある 있다」의 부정 표현은 「あらない」가 아닌 「ない 없다」입니다.

3. 2그룹 동사+ない

마지막 글자인 「る」를 없애고 「ない」를 붙입니다.

4. 3그룹 동사+ない

3그룹 동사는 불규칙하므로 외워야 합니다.

 이 문형은 꼭 챙겨요!
~ない ~하지 않는다[동사의 현재 부정 표현]

 기본 문형 익히기

 TRACK 16-02

① 1그룹 동사는 마지막 글자인 う단을 あ단으로 바꾼 후 「ない」를 붙입니다.
② 2그룹 동사는 마지막 글자인 「る」를 떼고 「ない」를 붙입니다.
③ 3그룹 동사는 규칙이 없으므로 통째로 외워야 합니다.

STEP 2 A-B 대화문 듣고 따라 말하기

A ケーキも 買^かう？
케이크도 사?

B ううん、買^かわない。
아니, 안 사.

STEP 3 다양한 문장 직접 말하기

Q 夜^{よる}、早^{はや}く 寝^ねる？
밤에, 일찍 자?

A ううん、早^{はや}く 寝^ねない。
아니, 일찍 안 자.

Q 오늘도 비 내려?
今日^{きょう}も 雨^{あめ} 降^ふる？

A 아니, 오늘은 안 내려.
ううん、今日^{きょう}は 降^ふらない。

Q 매일, 과일을 먹어?
毎日^{まいにち}、フルーツを 食^たべる？

A 아니, 과일은 안 먹어.
ううん、フルーツは 食^たべない。

Q 내일도 도서관에 와?
明日^{あした}も 図書館^{としょかん}に 来^くる？

A 아니, 내일은 안 와.
ううん、明日^{あした}は 来^こない。

ぜったいに ~ない 절대로 ~하지 않는다 [부정 표현의 강조]

 **STEP 1**　기본 문형 익히기

TRACK 16-03

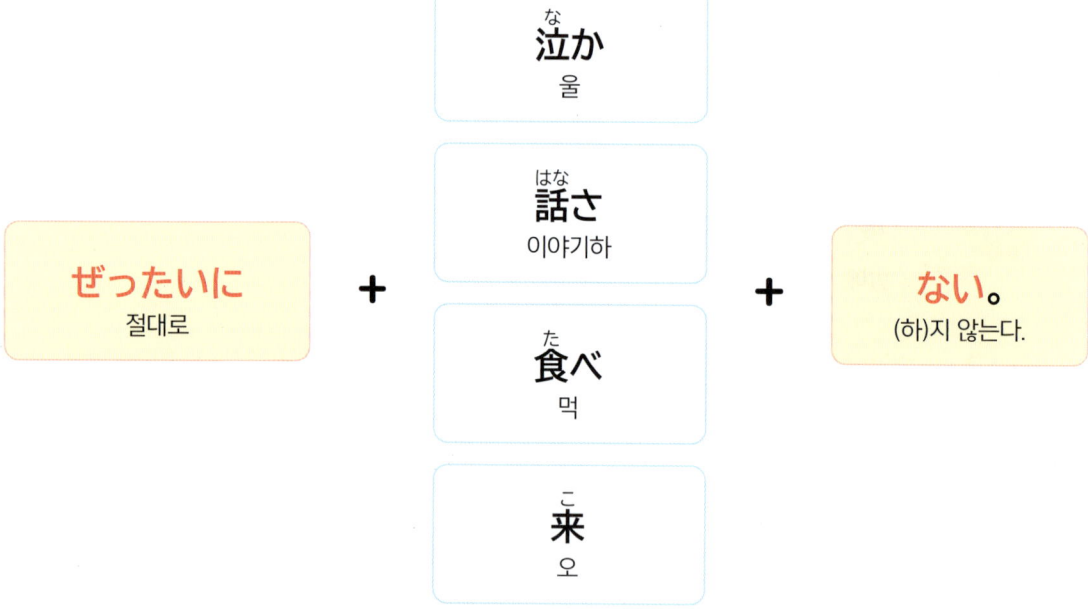

❶ 동사 부정형 앞에 '절대로'라는 의미의 「ぜったいに」를 붙이면 부정형을 강조할 수 있습니다.

STEP 2 · A-B 대화문 듣고 따라 말하기

A もう 泣かないよね？
이제 안 울 거지?

B うん、ぜったいに 泣かない。
응, 절대로 안 울어.

> **TIP** 문장 끝에「よね」를 붙이면 상대방에게 확인을 구하는 듯한 표현이 됩니다.

STEP 3 · 다양한 문장 직접 말하기

Q 今回は 負けないよね？
이번에는 안 질 거지?

A うん、ぜったいに 負けない。
응, 절대로 안 져.

Q 비밀은 누구에게도 말 안 할거지?
ひみつは 誰にも 言わないよね？

A 응, 절대로 말 안 해.
うん、ぜったいに 言わない。

Q 약속 잊지 않을 거지?
約束 忘れないよね？

A 응, 절대로 안 잊어.
うん、ぜったいに 忘れない。

Q 이제부터는 지각 안 할 거지?
これからは 遅刻しないよね？

A 응, 절대로 안 해.
うん、ぜったいに しない。

직접 말해요! 실전 회화

STEP 4 실전처럼 연습하기

TRACK 16-04

최지아	これ、どう？ 似合う？
남동생	うん。似合うよ。買う？
최지아	うーん…… 買わない。
남동생	え、買わないの？
최지아	これ、高いよ。お金が ない。
남동생	僕が プレゼントするよ。

TIP 남성이 자기를 지칭할 때 쓸 수 있는 표현은 위의 대화문에서 사용된 「僕」 외에도 「俺」, 「私」가 있으며 다음과 같은 뉘앙스 차이가 있습니다.

僕(ぼく)	俺(おれ)	私(わたし)
친한 사이에서 캐주얼하게 사용하는 표현으로 「俺」보다 더 부드러운 표현임	매우 친한 사이에서 캐주얼하게 사용하는 표현이며 조금 거친 느낌이 나므로 주의해서 사용해야 함	가장 일반적이고 정중한 표현으로 회사나 학교 등 공적인 장소에서 주로 사용함

최지아	이거, 어때? 어울려?
남동생	응. 어울려. 살 거야?
최지아	음…… 안 살래.
남동생	엇, 안 사?
최지아	이거, 비싸. 돈이 없어.
남동생	내가 선물할게.

 새 단어

似合(にあ)う 어울리다 | うーん 음[생각하거나 망설일 때 쓰는 말] | え 엇[놀라거나 예상 못한 대답을 들었을 때 쓰는 말] | 僕(ぼく) 나[남성의 1인칭 대명사] | プレゼントする 선물하다

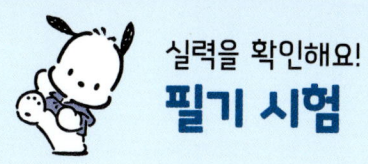

실력을 확인해요!
필기 시험

01 다음 제시된 단어를 보고 빈칸을 채워 보세요.

1. 잊다 　　한자 _____　　히라가나 _____
2. 울다 　　한자 _____　　히라가나 _____
3. 지각하다 　한자 _____　　히라가나 _____
4. 약속 　　한자 _____　　히라가나 _____

02 〈보기〉를 보고 빈칸에 적절한 단어를 넣어 문장을 완성해 보세요.

| 보기 | 負ける　　ない　　ひみつ　　降る |

1. 今、私は お金が _____ 。
   지금, 나는 돈이 없어.

2. 今日も 雨 _____ ?
   오늘도 비 내려?

3. 今回は _____ よね?
   이번에는 안 질 거지?

4. _____ は 誰にも 言わないよね?
   비밀은 누구에게도 말 안 할 거지?

UNIT 16 절대로 사지 않아. 145

03 다음 일본어 문장을 우리말로 해석해 보세요.

1 日本に 帰らない。

2 僕が プレゼントするよ。

3 ぜったいに 約束 忘れない。

4 明日も 図書館に 来る？

5 これからは 遅刻しないよね？

04 다음 우리말 문장을 일본어로 바꾸어 보세요.

1 과일은 안 먹어.

2 케이크는 안 사.

3 절대로 이야기하지 않아.

4 절대로 디저트를 먹지 않아.

5 이제 안 울거지?

UNIT 17 大きい 声で 話さないで ください。
큰 목소리로 이야기하지 말아 주세요.

 그림을 보면서 오늘 배울 내용을 추측해 보세요.

大きい 声で 話さないで ください。
큰 목소리로 이야기하지 말아 주세요.

오늘 배울 단어를 듣고 따라 읽어 보세요.

TRACK 17-01

声 목소리	笑う 웃다	中 ~중	騒ぐ 떠들다	ゴミ 쓰레기
捨てる 버리다	気を つける 주의하다	手 손	触る 만지다	ペン 펜
作品 작품	箸 젓가락	ネット 인터넷	パソコン 컴퓨터	

이 문형은 꼭 챙겨요!
~ないで ください ~하지 말아 주세요

 기본 문형 익히기

TRACK 17-02

| 撮ら (と) 찍 |
| 笑わ (わら) 웃 |
| 入ら (はい) 들어가 |
| 食べ (た) 먹 |

+ **ないで ください。**
(하)지 말아 주세요.

❶ 앞에서 배운 ない형 뒤에 「ない」 대신 「ないで ください」를 붙이면 '~하지 말아 주세요'라는 뜻이 되며 정중하고 부드럽게 금지 사항을 요청할 때 사용할 수 있는 표현입니다.

❷ 명령이 아닌 정중하게 요청하는 표현이므로 '~하지 마세요'보다 '~하지 말아 주세요'라고 해석하는 것이 자연스럽습니다.

STEP 2　A-B 대화문 듣고 따라 말하기

A ここで 写真を 撮らないで ください。
여기에서 사진을 찍지 말아 주세요.

B はい、すみません。
네, 죄송합니다.

STEP 3　다양한 문장 직접 말하기

Q これからは 遅れないで ください。
앞으로는 늦지 말아 주세요.

A はい、分かりました。
네, 알겠습니다.

Q 업무 중에 스마트폰을 사용하지 말아 주세요.
仕事中に スマホを 使わないで ください。

A 네, 죄송합니다.
はい、すみません。

Q 밤늦게 떠들지 말아 주세요.
夜遅く 騒がないで ください。

A 네, 알겠습니다.
はい、分かりました。

Q 여기에 쓰레기를 버리지 말아 주세요.
ここに ゴミを 捨てないで ください。

A 네, 주의하겠습니다.
はい、気を つけます。

이 문형은 꼭 챙겨요!
명사 で+ないで ください ~으로 ~하지 말아 주세요

 **STEP 1**   기본 문형 익히기

TRACK 17-03

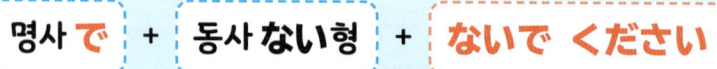

❶ 조사 「で」는 '~으로'라는 뜻으로 수단과 방법을 나타낼 때 사용할 수 있습니다.

❷ '~에서'라는 뜻으로도 자주 사용되므로 문맥에 맞게 적절히 해석해야 합니다.
　家で 勉強します。 집에서 공부합니다.

STEP 2　A-B 대화문 듣고 따라 말하기

A　作品を 手で 触らないで ください。
작품을 손으로 만지지 말아 주세요.

B　はい、すみません。
네, 죄송합니다.

STEP 3　다양한 문장 직접 말하기

Q　この 箸で 食べないで ください。
이 젓가락으로 먹지 말아 주세요.

A　はい、分かりました。
네, 알겠습니다.

Q 큰 목소리로 노래하지 말아 주세요.
大きい 声で 歌わないで ください。

A 네, 죄송합니다.
はい、すみません。

Q 인터넷으로 검색하지 말아 주세요.
ネットで 調べないで ください。

A 네, 알겠습니다.
はい、分かりました。

Q 학교 컴퓨터로 게임하지 말아 주세요.
学校の パソコンで ゲームしないで ください。

A 네, 주의하겠습니다.
はい、気を つけます。

직접 말해요! 실전 회화

 **실전처럼 연습하기**

TRACK 17-04

김태모　日本の 電車は 静かですね。

다나카　はい。だから、大きい 声で 話さないで ください。

김태모　電話は 大丈夫ですか。

다나카　いいえ、電車の 中で 電話しないで ください。

김태모　食べ物は どうですか。

다나카　食べ物も 食べないで ください。

TIP　「食べ物 음식」의 경우「食べる 먹다」의 ます형인「食べ」에「物 것」를 붙여서 만든 명사입니다. 이와 같이 동사 ます형에「物 것」를 붙여서 만든 명사에는 대표적으로「飲み物 마실 것, 음료」와「買い物 사는 것, 쇼핑」가 있습니다.

김태모　일본의 전철은 조용하네요.

다나카　네. 그러니까, 큰 목소리로 이야기하지 말아 주세요.

김태모　전화는 괜찮아요?

다나카　아니요, 전철 안에서 전화하지 말아 주세요.

김태모　음식은 어때요?

다나카　음식도 먹지 말아 주세요.

 새 단어

だから 그러니까

실력을 확인해요!
필기 시험

01 다음 제시된 단어를 보고 빈칸을 채워 보세요.

1. 목소리   한자 _____   히라가나 _____
2. 웃다   한자 _____   히라가나 _____
3. 젓가락   한자 _____   히라가나 _____
4. 작품   한자 _____   히라가나 _____

02 〈보기〉를 보고 빈칸에 적절한 단어를 넣어 문장을 완성해 보세요.

| 보기 | 騒ぐ | ネット | 手 | ゴミ |

1. ここに _____ を 捨てないで ください。
   여기에 쓰레기를 버리지 말아 주세요.

2. 夜遅く _____ ないで ください。
   밤늦게 떠들지 말아 주세요.

3. _____ で 触らないで ください。
   손으로 만지지 말아 주세요.

4. _____ で 調べないで ください。
   인터넷으로 검색하지 말아 주세요.

 **문장 익히기**

03 다음 일본어 문장을 우리말로 해석해 보세요.

① 仕事中に スマホを 使わないで ください。

② ペンで 書かないで ください。

③ 大きい 声で 歌わないで ください。

④ 学校の パソコンで ゲームしないで ください。

⑤ 電車の 中で 電話しないで ください。

04 다음 우리말 문장을 일본어로 바꾸어 보세요.

① 영어로 대답하지 말아 주세요.

② 앞으로는 늦지 말아 주세요.

③ 여기에서 사진을 찍지 말아 주세요.

④ 작품을 손으로 만지지 말아 주세요.

⑤ 이 젓가락으로 먹지 말아 주세요.

UNIT 18 <ruby>謝<rt>あやま</rt></ruby>らなくても いいです。
사과하지 않아도 돼요.

 그림을 보면서 오늘 배울 내용을 추측해 보세요.

오늘 배울 단어를 듣고 따라 읽어 보세요.

<ruby>謝<rt>あやま</rt></ruby>る 사과하다	<ruby>急<rt>いそ</rt></ruby>ぐ 서두르다	<ruby>並<rt>なら</rt></ruby>ぶ 줄 서다	そんなに 그렇게	スーツ 정장
もう 이제, 더 이상	<ruby>充電器<rt>じゅうでんき</rt></ruby> 충전기	<ruby>交換<rt>こうかん</rt></ruby>する 교환하다	<ruby>脱<rt>ぬ</rt></ruby>ぐ (옷·신발을) 벗다	<ruby>見<rt>み</rt></ruby>せる 보여주다
<ruby>朝<rt>あさ</rt></ruby> 아침	<ruby>出勤<rt>しゅっきん</rt></ruby>する 출근하다			

이 문형은 꼭 챙겨요!
~なくても いいです ~하지 않아도 됩니다

 **STEP 1**   기본 문형 익히기

TRACK 18-02

| 동사 ない형 | + | なくても いいです | ~하지 않아도 돼요 |

急(いそ)が
서두르

並(なら)ば
줄 서

考(かんが)え
생각하

来(こ)
오

+

なくても いいです。
(하)지 않아도 돼요.

❶ ない형 뒤에 「ない」 대신 「なくても いいです」를 붙이면 '~하지 않아도 됩니다'라는 뜻이 됩니다.

❷ 「いいです 좋습니다」 대신 「大丈夫(だいじょうぶ)です 괜찮습니다」를 사용할 수도 있습니다.
　学校(がっこう)に 行(い)かなくても 大丈夫(だいじょうぶ)です。 학교에 가지 않아도 됩니다.

STEP 2　A-B 대화문 듣고 따라 말하기

A 急がなくても いいですか。
서두르지 않아도 돼요?

B はい、そんなに 急がなくても いいです。
네, 그렇게 서두르지 않아도 돼요.

STEP 3　다양한 문장 직접 말하기

Q スーツを 着なくても いいですか。
정장을 입지 않아도 돼요?

A はい、スーツを 着なくても いいです。
네, 정장을 입지 않아도 돼요.

Q 약을 먹지 않아도 돼요?
薬を 飲まなくても いいですか。

A 네, 이제 약을 먹지 않아도 돼요.
はい、もう 薬を 飲まなくても いいです。

Q 충전기를 빌리지 않아도 돼요?
充電器を 借りなくても いいですか。

A 네, 지금은 충전기를 빌리지 않아도 돼요.
はい、今は 充電器を 借りなくても いいです。

Q 옷을 교환하지 않아도 돼요?
服を 交換しなくても いいですか。

A 네, 오늘은 옷을 교환하지 않아도 돼요.
はい、今日は 服を 交換しなくても いいです。

이 문형은 꼭 챙겨요!
本当に ~なくても いいですか 정말로 ~하지 않아도 됩니까?

STEP 1 기본 문형 익히기

TRACK 18-03

本当に + 동사 ない형 + なくても いいですか
정말로 ~하지 않아도 돼요?

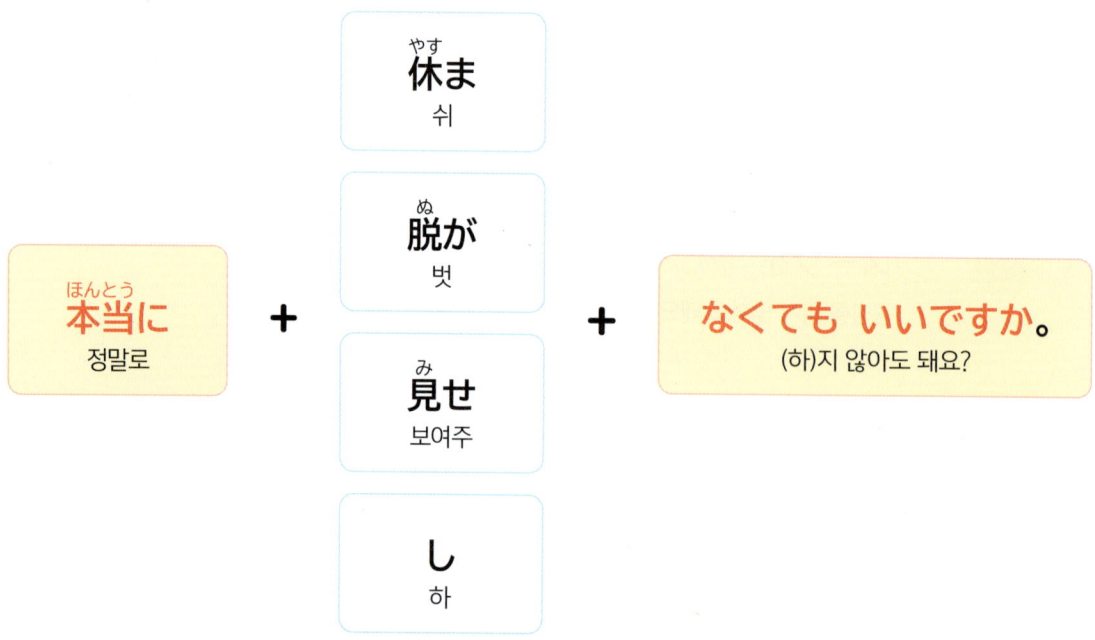

❶ 「なくても いいですか」 앞에 '정말로'라는 의미의 「本当に」를 붙이면 말하고자 하는 바를 강조할 수 있습니다.

STEP 2 A-B 대화문 듣고 따라 말하기

A 今日は 休まなくても いいです。
오늘은 쉬지 않아도 돼요.

B 本当に 休まなくても いいですか。
정말로 쉬지 않아도 돼요?

STEP 3 다양한 문장 직접 말하기

Q 明日は 朝早く 起きなくても いいです。
내일은 아침 일찍 일어나지 않아도 돼요.

A 本当に 早く 起きなくても いいですか。
정말로 일찍 일어나지 않아도 돼요?

Q 병원은 가지 않아도 돼요.
病院は 行かなくても いいです。

A 정말로 병원에 가지 않아도 돼요?
本当に 病院に 行かなくても いいですか。

Q 여기는 외우지 않아도 돼요.
ここは 覚えなくても いいです。

A 정말로 외우지 않아도 돼요?
本当に 覚えなくても いいですか。

Q 이번 주는 출근하지 않아도 돼요.
今週は 出勤しなくても いいです。

A 정말로 출근하지 않아도 돼요?
本当に 出勤しなくても いいですか。

직접 말해요!
실전 회화

 **실전처럼 연습하기**

TRACK 18-04

스즈키	パスポートは 見せなくても いいですか。
최지아	見せなくても いいですよ。
스즈키	そうですか。靴は 脱ぎますか。
최지아	靴は 脱がなくても 大丈夫です。
스즈키	分かりました。質問が 多くて すみません。
최지아	謝らなくても いいですよ。

TIP 일본어로 신발을 '벗다'라고 할 때는 「脱ぐ」, '신다'라고 할 때는 「履く」라고 합니다.

스즈키	여권은 보여주지 않아도 돼요?
최지아	보여주지 않아도 돼요.
스즈키	그래요? 신발은 벗나요?
최지아	신발은 벗지 않아도 괜찮아요.
스즈키	알겠어요. 질문이 많아서 죄송해요.
최지아	사과하지 않아도 돼요.

 **새 단어**

パスポート 여권

실력을 확인해요!
필기 시험

📝 단어 익히기

01 다음 제시된 단어를 보고 빈칸을 채워 보세요.

1. 서두르다 　　한자 _____ 　　히라가나 _____
2. 줄 서다 　　한자 _____ 　　히라가나 _____
3. (옷·신발을) 벗다 　　한자 _____ 　　히라가나 _____
4. 사과하다 　　한자 _____ 　　히라가나 _____

02 〈보기〉를 보고 빈칸에 적절한 단어를 넣어 문장을 완성해 보세요.

| 보기 | 出勤（しゅっきん）　　スーツ　　パスポート　　朝（あさ） |

1. _____ を 着（き）なくても いいです。
   정장을 입지 않아도 돼요.

2. 明日（あした）は _____ 早（はや）く 起（お）きなくても いいです。
   내일은 아침 일찍 일어나지 않아도 돼요.

3. 今週（こんしゅう）は _____ しなくても いいです。
   이번 주는 출근하지 않아도 돼요.

4. _____ は 見（み）せなくても いいですか。
   여권은 보여주지 않아도 돼요?

 **문장 익히기**

03 다음 일본어 문장을 우리말로 해석해 보세요.

1. 並ばなくても いいです。

2. 今日は 服を 交換しなくても いいです。

3. 靴は 脱がなくても 大丈夫です。

4. 今は 充電器を 借りなくても いいですか。

5. 本当に 覚えなくても いいですか。

04 다음 우리말 문장을 일본어로 바꾸어 보세요.

1. 생각하지 않아도 돼요.

2. 그렇게 서두르지 않아도 돼요.

3. 이제 약을 먹지 않아도 돼요.

4. 정말로 쉬지 않아도 돼요?

5. 정말로 숙제하지 않아도 돼요?

UNIT 19
お金を 払わないと いけません。
돈을 지불해야 해요.

 그림을 보면서 오늘 배울 내용을 추측해 보세요.

お金を 払わないと いけません。
돈을 지불해야 해요.

오늘 배울 단어를 듣고 따라 읽어 보세요.

TRACK 19-01

払う 지불하다, 내다	花屋 꽃집	次 다음	スーパー 슈퍼	牛乳 우유
後 ~후	片付ける 정리하다	とき 때	洗う 씻다	マスク 마스크
つける (마스크를) 쓰다				

이 문형은 꼭 챙겨요!
~ないと いけません ~해야 합니다

 **STEP 1**   기본 문형 익히기

동사 ない형 + ないと いけません ~해야 해요

行か 가
働か 일해
寝 자
掃除し 청소해

+   ないと いけません。
    ~(해)야 해요.

❶ 앞에서 배운 ない형 뒤에 「ない」 대신 「ないと いけません」을 붙이면 '~해야 합니다, ~하지 않으면 안 됩니다'라는 뜻이 되며 어떤 의무나 행동의 필요성을 나타낼 때 사용할 수 있습니다.

STEP 2　A-B 대화문 듣고 따라 말하기

A　明日は どこに 行かないと いけませんか。
내일은 어디에 가야 해요?

B　明日は 花屋に 行かないと いけません。
내일은 꽃집에 가야 해요.

STEP 3　다양한 문장 직접 말하기

Q　どの 駅で 降りないと いけませんか。
어느 역에서 내려야 해요?

A　次の 駅で 降りないと いけません。
다음 역에서 내려야 해요.

Q 슈퍼에서 무엇을 사야 해요?
スーパーで 何を 買わないと いけませんか。

A 슈퍼에서 우유를 사야 해요.
スーパーで 牛乳を 買わないと いけません。

Q 회의 후에는 무엇을 해야 해요?
会議の 後は 何を しないと いけませんか。

A 회의 후에는 자리를 정리해야 해요.
会議の 後は 席を 片付けないと いけません。

Q 아침에, 몇 시에 와야 해요?
朝、何時に 来ないと いけませんか。

A 9시에 와야 해요.
9時に 来ないと いけません。

이 문형은 꼭 챙겨요!
동사 기본형 とき+ないと いけません ~할 때 ~해야 합니다

 **기본 문형 익히기**

TRACK 19-03

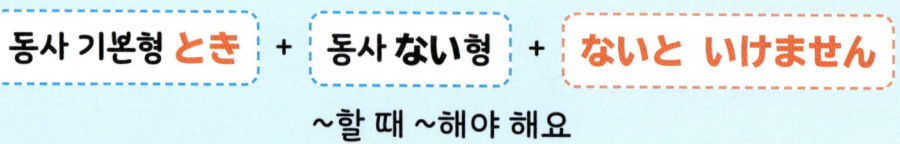

❶ 「とき」는 '때'라는 의미의 명사이며, 동사 기본형 뒤에 「とき」를 붙이면 '~할 때'라는 뜻이 됩니다.

A-B 대화문 듣고 따라 말하기

A いつ お金を 払わないと いけませんか。
언제 돈을 지불해야 해요?

B 降りる とき 払わないと いけません。
내릴 때 지불해야 해요.

다양한 문장 직접 말하기

Q いつ 窓を 閉めないと いけませんか。
언제 창문을 닫아야 해요?

A 出かける とき 閉めないと いけません。
외출할 때 닫아야 해요.

Q 언제 리포트를 내야 해요?
いつ レポートを 出さないと いけませんか。

A 수업이 시작될 때 내야 해요.
授業が 始まる とき 出さないと いけません。

Q 언제 손을 씻어야 해요?
いつ 手を 洗わないと いけませんか。

A 밥을 먹을 때 씻어야 해요.
ご飯を 食べる とき 洗わないと いけません。

Q 언제 마스크를 써야 해요?
いつ マスクを つけないと いけませんか。

A 청소할 때 써야 해요.
掃除する とき つけないと いけません。

직접 말해요! 실전 회화

 실전처럼 연습하기

TRACK 19-04

김태모	どこで 降りますか。
다나카	次、降りないと いけません。
김태모	近いですね。
다나카	あと、降りる とき、お金を 払わないと いけません。
김태모	えっ！現金は ありません。
다나카	私が 払いますよ。

TIP 돈을 '내다'라고 할 때는 본문에서 사용된 「払う」 외에 「出す」라고 표현하기도 합니다.

김태모	어디에서 내려요?
다나카	다음에, 내려야 해요.
김태모	가깝네요.
다나카	그리고, 내릴 때, 돈을 지불해야 해요.
김태모	엇! 현금은 없어요.
다나카	제가 낼게요.

📌 새 단어

あと 그리고 | えっ 엇, 앗[뜻밖의 말이나 상황에 놀라 무의식적으로 나오는 말] | 現金 현금

실력을 확인해요!
필기 시험

단어 익히기

01 다음 제시된 단어를 보고 빈칸을 채워 보세요.

1. 지불하다   한자 _____   히라가나 _____
2. 정리하다   한자 _____   히라가나 _____
3. 우유   한자 _____   히라가나 _____
4. 현금   한자 _____   히라가나 _____

02 〈보기〉를 보고 빈칸에 적절한 단어를 넣어 문장을 완성해 보세요.

| 보기 | とき | 後(あと) | スーパー | 次(つぎ) |

1. _____ の 駅で 降りないと いけません。
   다음 역에서 내려야 해요.

2. _____ で 何を 買わないと いけませんか。
   슈퍼에서 무엇을 사야 해요?

3. 会議の _____ は 何を しないと いけませんか。
   회의 후에는 무엇을 해야 해요?

4. ご飯を 食べる _____ 手を 洗わないと いけません。
   밥을 먹을 때 손을 씻어야 해요.

03 다음 일본어 문장을 우리말로 해석해 보세요.

1. スーパーで 牛乳を 買わないと いけません。

2. 会議の 後は 席を 片付けないと いけません。

3. 授業が 始まる とき レポートを 出さないと いけません。

4. 掃除する とき マスクを つけないと いけません。

5. 降りる とき お金を 払わないと いけません。

04 다음 우리말 문장을 일본어로 바꾸어 보세요.

1. 들어갈 때 줄 서야 해요.

2. 내일은 꽃집에 가야 해요.

3. 아침에, 9시에 와야 해요.

4. 언제 일해야 해요?

5. 언제 창문을 닫아야 해요?

UNIT 20 風邪ですから 休みます。
감기이기 때문에 쉬어요.

 그림을 보면서 오늘 배울 내용을 추측해 보세요.

風邪ですから 休みます。
감기이기 때문에 쉬어요.

 오늘 배울 단어를 듣고 따라 읽어 보세요.

TRACK 20-01

風邪(かぜ) 감기	エアコン 에어컨	つける (전원을) 켜다	桃(もも) 복숭아	早(はや)めに 빨리
じつは 사실은	運動選手(うんどうせんしゅ) 운동선수	大会(たいかい) 대회	走(はし)り 달리기	くれる 주다
化粧品(けしょうひん) 화장품	来月(らいげつ) 다음 달			

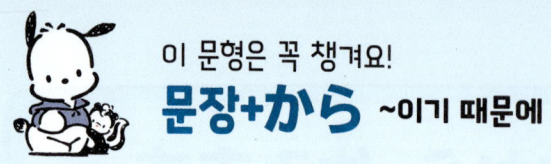

이 문형은 꼭 챙겨요!
문장+から ~이기 때문에

 **STEP 1** 기본 문형 익히기

TRACK 20-02

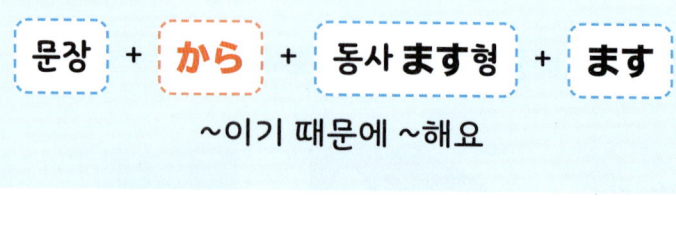

① 명사, い형용사, な형용사 뒤에 「ですから」를, 동사 뒤에 「ますから」를 붙이면 '~이기 때문에, ~니까'라는 뜻이 되며 주관적인 이유나 원인, 근거를 강조하고 싶을 때 씁니다.

② 「から」는 명사·い형용사·な형용사·동사 뒤에 붙여서 다양한 문장을 접속할 수 있습니다.

STEP 2　A-B 대화문 듣고 따라 말하기

A どうして 今日 会社を 休みますか？
왜 오늘 회사를 쉬어요?

B 私は 今日 風邪ですから 休みます。
저는 오늘 감기이기 때문에 쉬어요.

STEP 3　다양한 문장 직접 말하기

Q どうして エアコンを つけますか。
왜 에어컨을 켜나요?

A 部屋が 暑いですから つけます。
방이 덥기 때문에 켜요.

Q 왜 이 운동화를 신나요?
どうして この スニーカーを 履きますか。

A 이 운동화가 편하기 때문에 신어요.
この スニーカーが 楽ですから 履きます。

Q 왜 이 복숭아를 사나요?
どうして この 桃を 買いますか。

A 가격이 싸기 때문에 사요.
値段が 安いですから 買います。

Q 왜 빨리 돌아가나요?
どうして 早めに 帰りますか。

A 이번 주에, 시험이 있기 때문에 빨리 돌아가요.
今週、テストが ありますから 早めに 帰ります。

이 문형은 꼭 챙겨요!
じつは+문장+から 사실은 ~이기 때문입니다

TRACK 20-03

STEP 1 기본 문형 익히기

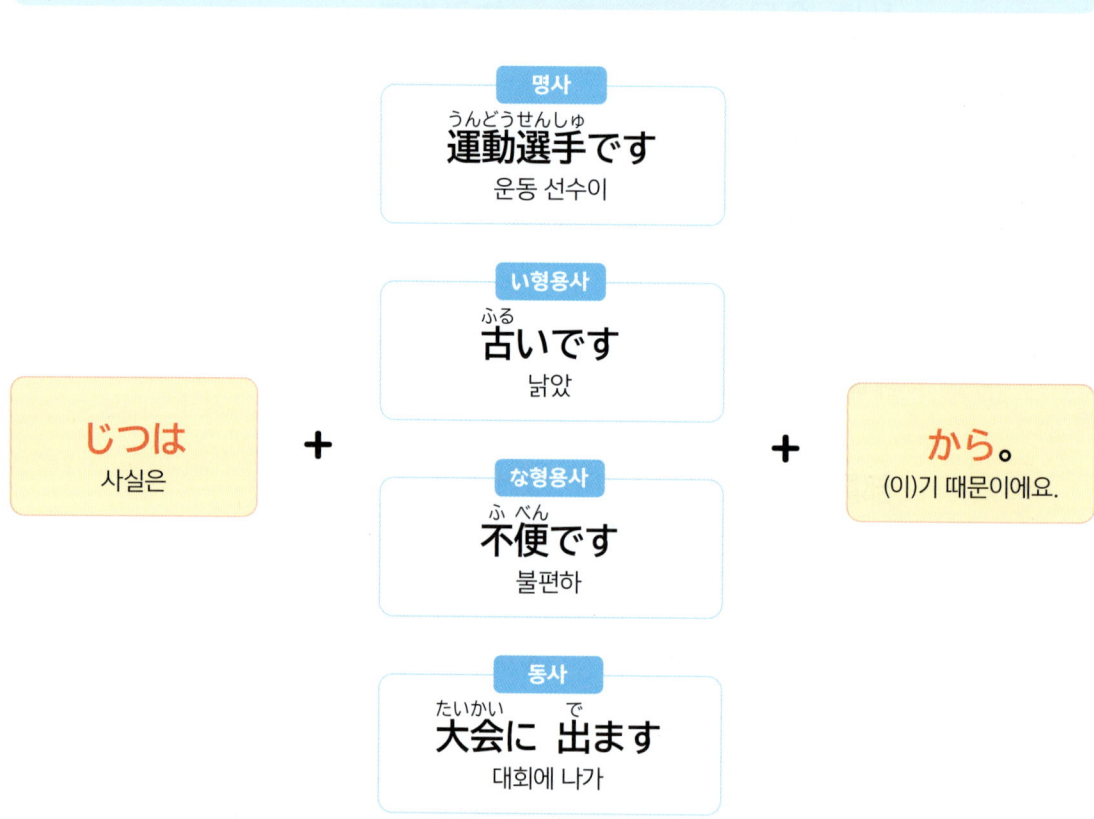

❶ 「ですから」, 「ますから」가 문장 중간에 오지 않고 문장 마지막에 올 경우에는 '~이기 때문입니다, ~니까요'라는 뜻이 됩니다. 「じつは」와 함께 쓰이면 '사실은 ~이기 때문입니다'라는 의미로 상대방에게 어떠한 사실을 말하면서 그 이유에 대해 설명할 때 씁니다.

STEP 2 A-B 대화문 듣고 따라 말하기

A どうして そんなに 走りが 早いですか。
왜 그렇게 달리기가 빠르나요?

B じつは 運動選手ですから。
사실은 운동선수이기 때문이에요.

STEP 3 다양한 문장 직접 말하기

Q どうして あの お店に 行きませんか。
왜 저 가게에 가지 않나요?

A じつは まずいですから。
사실은 맛없기 때문이에요.

Q 왜 이 초콜릿을 줬나요?
どうして この チョコレートを くれましたか。

A 사실은 좋아하기 때문이에요.
じつは 好きですから。

Q 왜 그 화장품을 사지 않나요?
どうして その 化粧品を 買いませんか。

A 사실은 비싸기 때문이에요.
じつは 高いですから。

Q 왜 일본어 공부를 하나요?
どうして 日本語の 勉強を しますか。

A 사실은 다음 달에, 일본에 가기 때문이에요.
じつは 来月、日本に 行きますから。

직접 말해요!
실전 회화

 **실전처럼 연습하기**

TRACK 20-04

스즈키	おしゃれな カフェですね。
최지아	この カフェに 入(はい)りたいです！
스즈키	私(わたし)は アイスコーヒーに します。ジアさんは？
최지아	全部(ぜんぶ) 漢字(かんじ)ですから、よく 分(わ)かりません。
스즈키	大丈夫(だいじょうぶ)です。韓国語(かんこくご)の メニューが ありますから。
최지아	あ、本当(ほんとう)ですね。

TIP 일본어로 아이스커피는「アイスコーヒー 아이스 코-히-」, 뜨거운 커피는「ホットコーヒー 홋토 코-히-」라고 표현합니다.

스즈키	세련된 카페네요.
최지아	이 카페에 들어가고 싶어요!
스즈키	저는 아이스커피로 할게요. 지아 씨는요?
최지아	전부 한자이기 때문에, 잘 모르겠어요.
스즈키	괜찮아요. 한국어 메뉴판이 있으니까요.
최지아	아, 정말이네요.

 **새 단어**

アイス 아이스, 얼음 | 全部(ぜんぶ) 전부

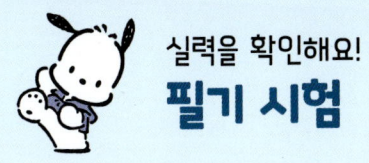

실력을 확인해요! 필기 시험

단어 익히기

01 다음 제시된 단어를 보고 빈칸을 채워 보세요.

1. 감기　　한자 _____　　히라가나 _____
2. 복숭아　　한자 _____　　히라가나 _____
3. 다음 달　　한자 _____　　히라가나 _____
4. 전부　　한자 _____　　히라가나 _____

02 〈보기〉를 보고 빈칸에 적절한 단어를 넣어 문장을 완성해 보세요.

| 보기 | 大会(たいかい) | エアコン | 走り(はし) | 早めに(はや) |

1. じつは _____ に 出(で)ますから。
   사실은 대회에 나가기 때문이에요.

2. 部屋(へや)が 暑(あつ)いですから _____ を つけます。
   방이 덥기 때문에 에어컨을 켜요.

3. どうして _____ 帰(かえ)りますか。
   왜 빨리 돌아가나요?

4. どうして そんなに _____ が 早(はや)いですか。
   왜 그렇게 달리기가 빠르나요?

UNIT 20 감기이기 때문에 쉬어요. 177

 **문장 익히기**

03 다음 일본어 문장을 우리말로 해석해 보세요.

1. 私は 今日 風邪ですから 休みます。

2. じつは まずいですから。

3. この お店は 店員さんが 親切ですから 行きます。

4. 全部 漢字ですから、よく 分かりません。

5. どうして その 化粧品を 買いませんか。

04 다음 우리말 문장을 일본어로 바꾸어 보세요.

1. 이 운동화가 편하기 때문에 신어요.

2. 이번 주에, 시험이 있기 때문에 빨리 돌아가요.

3. 가격이 싸기 때문에 복숭아를 사요.

4. 사실은 다음 달에, 일본에 가기 때문이에요.

5. 세련된 카페네요.

부록

1. 일본어 문법표
2. 동사 활용표
3. 동사 활용 쓰기 연습
4. 필기 시험 정답

일본어 문법표

명사

	보통형(반말체)	정중형(존댓말)
기본형	学生だ 학생이다	学生です 학생입니다
과거형	学生だった 학생이었다	学生でした 학생이었습니다
부정형	学生では(じゃ)ない 학생이 아니다	学生では(じゃ)ないです / ありません 학생이 아닙니다
과거 부정형	学生では(じゃ)なかった 학생이 아니었다	学生では(じゃ)なかったです / ありませんでした 학생이 아니었습니다

い형용사

	보통형(반말체)	정중형(존댓말)
기본형	おもしろい 재미있다	おもしろいです 재미있습니다
과거형	おもしろかった 재미있었다	おもしろかったです 재미있었습니다
부정형	おもしろくない 재미있지 않다	おもしろくないです / くありません 재미있지 않습니다
과거 부정형	おもしろくなかった 재미있지 않았다	おもしろくなかったです / くありませんでした 재미있지 않았습니다

な형용사

	보통형(반말체)	정중형(존댓말)
기본형	きれいだ 예쁘다	きれいです 예쁩니다
과거형	きれいだった 예뻤다	きれいでした 예뻤습니다
부정형	きれいでは(じゃ)ない 예쁘지 않다	きれいでは(じゃ)ないです / ありません 예쁘지 않습니다
과거 부정형	きれいでは(じゃ)なかった 예쁘지 않았다	きれいでは(じゃ)なかったです / ありませんでした 예쁘지 않았습니다

동사

		보통형(반말체)	정중형(존댓말)
1그룹		行く 가다	行きます 갑니다
		行った 갔다	行きました 갔습니다
		行かない 가지 않는다	行きません / 行かないです 가지 않습니다
		行かなかった 가지 않았다	行きませんでした / 行かなったです 가지 않았습니다
2그룹		見る 보다	見ます 봅니다
		見た 봤다	見ました 봤습니다
		見ない 보지 않는다	見ません / 見ないです 보지 않습니다
		見なかった 보지 않았다	見ませんでした / 見なったです 보지 않았습니다
3그룹		する 하다	します 합니다
		した 했다	しました 했습니다
		しない 하지 않는다	しません / しないです 하지 않습니다
		しなかった 하지 않았다	しませんでした / しなかったです 하지 않았습니다

동사 활용표

	기본형	ます	ました	ません	ませんでした	ない
1그룹	買う 사다	買います 삽니다	買いました 샀습니다	買いません 사지 않습니다	買いませんでした 사지 않았습니다	買わない 사지 않는다
	行く 가다	行きます 갑니다	行きました 갔습니다	行きません 가지 않습니다	行きませんでした 가지 않았습니다	行かない 가지 않는다
	泳ぐ 헤엄치다 수영하다	泳ぎます 헤엄칩니다 수영합니다	泳ぎました 헤엄쳤습니다 수영했습니다	泳ぎません 헤엄치지 않습니다 수영하지 않습니다	泳ぎませんでした 헤엄치지 않았습니다 수영하지 않았습니다	泳がない 헤엄치지 않는다 수영하지 않는다
	話す 이야기하다	話します 이야기합니다	話しました 이야기했습니다	話しません 이야기하지 않습니다	話しませんでした 이야기하지 않았습니다	話さない 이야기하지 않는다
	待つ 기다리다	待ちます 기다립니다	待ちました 기다렸습니다	待ちません 기다리지 않습니다	待ちませんでした 기다리지 않았습니다	待たない 기다리지 않는다
	死ぬ 죽다	死にます 죽습니다	死にました 죽었습니다	死にません 죽지 않습니다	死にませんでした 죽지 않았습니다	死なない 죽지 않는다
	遊ぶ 놀다	遊びます 놉니다	遊びました 놀았습니다	遊びません 놀지 않습니다	遊びませんでした 놀지 않았습니다	遊ばない 놀지 않는다
	飲む 마시다	飲みます 마십니다	飲みました 마셨습니다	飲みません 마시지 않습니다	飲みませんでした 마시지 않았습니다	飲まない 마시지 않는다
	乗る 타다	乗ります 탑니다	乗りました 탔습니다	乗りません 타지 않습니다	乗りませんでした 타지 않았습니다	乗らない 타지 않는다

	기본형	ます	ました	ません	ませんでした	ない
예외 1그룹	帰る 돌아가다 돌아오다	帰ります 돌아갑니다 돌아옵니다	帰りました 돌아갔습니다 돌아왔습니다	帰りません 돌아가지 않습니다 돌아오지 않습니다	帰りませんでした 돌아가지 않았습니다 돌아오지 않았습니다	帰らない 돌아가지 않는다 돌아오지 않는다
	切る 자르다	切ります 자릅니다	切りました 잘랐습니다	切りません 자르지 않습니다	切りませんでした 자르지 않았습니다	切らない 자르지 않는다
2그룹	見る 보다	見ます 봅니다	見ました 봤습니다	見ません 보지 않습니다	見ませんでした 보지 않았습니다	見ない 보지 않는다
	起きる 일어나다	起きます 일어납니다	起きました 일어났습니다	起きません 일어나지 않습니다	起きませんでした 일어나지 않았습니다	起きない 일어나지 않는다
	着る 입다	着ます 입습니다	着ました 입었습니다	着ません 입지 않습니다	着ませんでした 입지 않았습니다	着ない 입지 않는다
	食べる 먹다	食べます 먹습니다	食べました 먹었습니다	食べません 먹지 않습니다	食べませんでした 먹지 않았습니다	食べない 먹지 않는다
	捨てる 버리다	捨てます 버립니다	捨てました 버렸습니다	捨てません 버리지 않습니다	捨てませんでした 버리지 않았습니다	捨てない 버리지 않는다
3그룹	来る 오다	来ます 옵니다	来ました 왔습니다	来ません 오지 않습니다	来ませんでした 오지 않았습니다	来ない 오지 않는다
	する 하다	します 합니다	しました 했습니다	しません 하지 않습니다	しませんでした 하지 않았습니다	しない 하지 않는다

동사 활용 쓰기 연습
買う 사다

あ 다음 제시된 동사를 알맞게 활용하여 문장을 완성해 보세요.

1 デパートで かばんを _____。
백화점에서 가방을 삽니다.

2 靴は _____。
신발은 사지 않습니다.

3 お弁当は 昨日 _____。
도시락은 어제 샀습니다.

4 彼女は 何も _____。
그녀는 아무것도 사지 않았습니다.

5 野菜も _____。
채소도 삽시다.

6 ズボンも _____。
바지도 사고 싶습니다.

7 この ラーメンは コンビニで _____。
이 라멘은 편의점에서 살 수 있습니다.

8 今日は コーヒーを _____。
오늘은 커피를 사지 않는다.

정답
1. 買います   2. 買いません   3. 買いました   4. 買いませんでした
5. 買いましょう   6. 買いたいです   7. 買う ことが できます   8. 買わない

동사 활용 쓰기 연습
行く 가다

🖊️ 다음 제시된 동사를 알맞게 활용하여 문장을 완성해 보세요.

① 毎日 図書館に _____。
매일 도서관에 갑니다.

② 明日は 学校に _____。
내일은 학교에 가지 않습니다.

③ 先週も 海に _____。
지난주에도 바다에 갔습니다.

④ 今日は 会社に _____。
오늘은 회사에 가지 않았습니다.

⑤ 早く カフェに _____。
빨리 카페에 갑시다.

⑥ 私も 日本に _____。
저도 일본에 가고 싶습니다.

⑦ 来週は 銀行に _____。
다음 주에는 은행에 갈 수 있습니다.

⑧ 彼は パーティーに _____。
그는 파티에 가지 않는다.

정답
1. 行きます　2. 行きません　3. 行きました　4. 行きませんでした
5. 行きましょう　6. 行きたいです　7. 行く ことが できます　8. 行かない

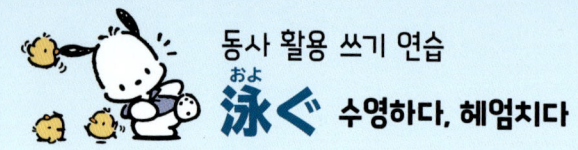

동사 활용 쓰기 연습
泳ぐ 수영하다, 헤엄치다

あ 다음 제시된 동사를 알맞게 활용하여 문장을 완성해 보세요.

1. 友だちと プールで _____。
친구와 수영장에서 수영합니다.

2. 魚が _____。
물고기가 헤엄치지 않습니다.

3. 今朝も _____。
오늘 아침에도 수영했습니다.

4. 妹は _____。
여동생은 수영하지 않았습니다.

5. ここで _____。
여기에서 수영합시다.

6. 明日も 一緒に _____。
내일도 같이 수영하고 싶습니다.

7. 私は 海で _____。
저는 바다에서 수영할 수 있습니다.

8. 今週は _____。
이번 주에는 수영하지 않는다.

정답
1. 泳ぎます 2. 泳ぎません 3. 泳ぎました 4. 泳ぎませんでした
5. 泳ぎましょう 6. 泳ぎたいです 7. 泳ぐ ことが できます 8. 泳がない

동사 활용 쓰기 연습
話はす 이야기하다

다음 제시된 동사를 알맞게 활용하여 문장을 완성해 보세요.

1. 彼女かのじょと 日本語にほんごで _____。
   그녀와 일본어로 이야기합니다.

2. 友ともだちと _____。
   친구와 이야기하지 않습니다.

3. 先生せんせいに 全部ぜんぶ _____。
   선생님에게 전부 이야기했습니다.

4. 誰だれにも _____。
   누구에게도 이야기하지 않았습니다.

5. カフェで _____。
   카페에서 이야기합시다.

6. 田中たなかさんと _____。
   다나카 씨와 이야기하고 싶습니다.

7. 彼かれは 中国語ちゅうごくごで _____。
   그는 중국어로 이야기할 수 있습니다.

8. 妹いもうとは 何なにも _____。
   여동생은 아무것도 이야기하지 않는다.

정답
1. 話はなします　2. 話はなしません　3. 話はなしました　4. 話はなしませんでした
5. 話はなしましょう　6. 話はなしたいです　7. 話はなす ことが できます　8. 話はなさない

동사 활용 쓰기 연습
待つ 기다리다

あ 다음 제시된 동사를 알맞게 활용하여 문장을 완성해 보세요.

1. 学校の 前で 彼氏を _____。
   학교 앞에서 남자 친구를 기다립니다.

2. もう _____。
   이제 기다리지 않습니다.

3. バスを _____。
   버스를 기다렸습니다.

4. あまり _____。
   그다지 기다리지 않았습니다.

5. お店の 中で _____。
   가게 안에서 기다립시다.

6. 私も 一緒に _____。
   저도 같이 기다리고 싶습니다.

7. 1時間 ぐらい _____。
   1시간 정도 기다릴 수 있습니다.

8. 時は _____。
   시간은 기다리지 않는다.

정답
1. 待ちます   2. 待ちません   3. 待ちました   4. 待ちませんでした
5. 待ちましょう   6. 待ちたいです   7. 待つ ことが できます   8. 待たない

동사 활용 쓰기 연습
遊ぶ 놀다

あ 다음 제시된 동사를 알맞게 활용하여 문장을 완성해 보세요.

1. 弟と 公園で _____。
   남동생과 공원에서 놉니다.

2. 今日は _____。
   오늘은 놀지 않습니다.

3. 昨日 ゆきちゃんと _____。
   어제 유키쨩과 놀았습니다.

4. 友だちと _____。
   친구와 놀지 않았습니다.

5. 明日 楽しく _____。
   내일 즐겁게 놉시다.

6. 彼女と _____。
   그녀와 놀고 싶습니다.

7. いつでも _____。
   언제든지 놀 수 있습니다.

8. もう 田中さんと _____。
   이제 다나카 씨와 놀지 않는다.

정답
1. 遊びます 2. 遊びません 3. 遊びました 4. 遊びませんでした
5. 遊びましょう 6. 遊びたいです 7. 遊ぶ ことが できます 8. 遊ばない

동사 활용 쓰기 연습
飲む 마시다

あ 다음 제시된 동사를 알맞게 활용하여 문장을 완성해 보세요.

1. 毎朝、お茶を _____。
   매일 아침에, 차를 마십니다.

2. 私は お酒を _____。
   저는 술을 마시지 않습니다.

3. 今朝、牛乳を _____。
   오늘 아침에, 우유를 마셨습니다.

4. ビールは _____。
   맥주는 마시지 않았습니다.

5. あの お店で _____。
   저 가게에서 마십시다.

6. 冷たい お水を _____。
   차가운 물을 마시고 싶습니다.

7. パーティーで 色んな ジュースを _____。
   파티에서 다양한 주스를 마실 수 있습니다.

8. 彼女は コーヒーを _____。
   그녀는 커피를 마시지 않는다.

정답
1. 飲みます 2. 飲みません 3. 飲みました 4. 飲みませんでした
5. 飲みましょう 6. 飲みたいです 7. 飲む ことが できます 8. 飲まない

동사 활용 쓰기 연습
帰る 돌아가다, 돌아오다

あ 다음 제시된 동사를 알맞게 활용하여 문장을 완성해 보세요.

1. 今日は 7時に _____。
   오늘은 7시에 돌아갑니다.

2. 今年は 実家に _____。
   올해는 본가에 돌아가지 않습니다.

3. 1時間 前に _____。
   1시간 전에 돌아갔습니다.

4. 彼は まだ _____。
   그는 아직 돌아가지 않았습니다.

5. そろそろ _____。
   슬슬 돌아갑시다.

6. 先に _____。
   먼저 돌아가고 싶습니다.

7. 明日は 早く _____。
   내일은 일찍 돌아갈 수 있습니다.

8. 田中さんは なかなか _____。
   다나카 씨는 좀처럼 돌아가지 않는다.

정답
1. 帰ります 2. 帰りません 3. 帰りました 4. 帰りませんでした
5. 帰りましょう 6. 帰りたいです 7. 帰る ことが できます 8. 帰らない

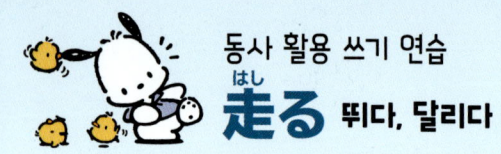

동사 활용 쓰기 연습
走る 뛰다, 달리다

🅰 **다음 제시된 동사를 알맞게 활용하여 문장을 완성해 보세요.**

1. 毎朝、グラウンドを _____。
   매일 아침에, 운동장을 뜁니다.

2. 雨の日は _____。
   비 오는 날은 뛰지 않습니다.

3. 夫と 一緒に _____。
   남편과 함께 뛰었습니다.

4. 今日は あまり _____。
   오늘은 그다지 뛰지 않았습니다.

5. ゆっくり _____。
   천천히 뜁시다.

6. もっと 速く _____。
   더 빨리 뛰고 싶습니다.

7. 今は _____。
   지금은 뛸 수 있습니다.

8. あの 選手は _____。
   저 선수는 뛰지 않는다.

정답
1. 走ります　2. 走りません　3. 走りました　4. 走りませんでした
5. 走りましょう　6. 走りたいです　7. 走る ことが できます　8. 走らない

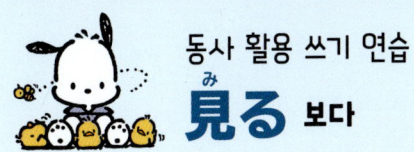

동사 활용 쓰기 연습
見る 보다

🅰 다음 제시된 동사를 알맞게 활용하여 문장을 완성해 보세요.

1. 花を _____。
   꽃을 봅니다.

2. アニメは 全然 _____。
   애니메이션은 전혀 보지 않습니다.

3. 昨日は 星を _____。
   어제는 별을 봤습니다.

4. まだ 部屋を _____。
   아직 방을 보지 않았습니다.

5. もう 一回 _____。
   한 번 더 봅시다.

6. 写真を もっと _____。
   사진을 더 보고 싶습니다.

7. 家で 映画を _____。
   집에서 영화를 볼 수 있습니다.

8. ドラマは あまり _____。
   드라마는 그다지 보지 않는다.

정답
1. 見ます   2. 見ません   3. 見ました   4. 見ませんでした
5. 見ましょう   6. 見たいです   7. 見る ことが できます   8. 見ない

동사 활용 쓰기 연습
食べる 먹다

あ 다음 제시된 동사를 알맞게 활용하여 문장을 완성해 보세요.

1. 毎日 ヨーグルトを _____。
   매일 요구르트를 먹습니다.

2. 朝ご飯は _____。
   아침밥은 먹지 않습니다.

3. 昨日は パスタを _____。
   어제는 파스타를 먹었습니다.

4. 妻は 晩ご飯を _____。
   아내는 저녁밥을 먹지 않았습니다.

5. 野菜も _____。
   채소도 먹읍시다.

6. 日本で ラーメンも _____。
   일본에서 라멘도 먹고 싶습니다.

7. おいしい ピザを _____。
   맛있는 피자를 먹을 수 있습니다.

8. 彼女は 辛い 食べ物を _____。
   그녀는 매운 음식을 먹지 않는다.

정답
1. 食べます 2. 食べません 3. 食べました 4. 食べませんでした
5. 食べましょう 6. 食べたいです 7. 食べる ことが できます 8. 食べない

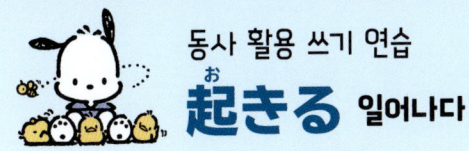

동사 활용 쓰기 연습
起きる 일어나다

🅰 **다음 제시된 동사를 알맞게 활용하여 문장을 완성해 보세요.**

1 平日は 朝 6時に _____。

평일에는 아침 6시에 일어납니다.

2 なかなか _____。

좀처럼 일어나지 않습니다.

3 夫は 10時に _____。

남편은 10시에 일어났습니다.

4 彼は まだ _____。

그는 아직 일어나지 않았습니다.

5 もっと 早く _____。

좀 더 일찍 일어납시다.

6 明日は 遅く _____。

내일은 늦게 일어나고 싶습니다.

7 子供は 一人で _____。

아이는 혼자서 일어날 수 있습니다.

8 誰も _____。

아무도 일어나지 않는다.

정답
1. 起きます   2. 起きません   3. 起きました   4. 起きませんでした
5. 起きましょう   6. 起きたいです   7. 起きる ことが できます   8. 起きない

동사 활용 쓰기 연습
寝る 자다

あ 다음 제시된 동사를 알맞게 활용하여 문장을 완성해 보세요.

① いつも １２時 前に ＿＿＿＿＿＿＿＿＿＿。

항상 12시 전에 잡니다.

② ここで ＿＿＿＿＿＿＿＿＿＿。

여기에서 자지 않습니다.

③ 彼女は 早く ＿＿＿＿＿＿＿＿＿＿。

그녀는 일찍 잤습니다.

④ 昨日は 全然 ＿＿＿＿＿＿＿＿＿＿。

어제는 전혀 자지 않았습니다.

⑤ そろそろ ＿＿＿＿＿＿＿＿＿＿。

슬슬 잡시다.

⑥ 週末は ぐっすり ＿＿＿＿＿＿＿＿＿＿。

주말에는 푹 자고 싶습니다.

⑦ ５人まで ＿＿＿＿＿＿＿＿＿＿。

5명까지 잘 수 있습니다.

⑧ 子供が ＿＿＿＿＿＿＿＿＿＿。

아이가 자지 않는다.

정답
1. 寝ます　2. 寝ません　3. 寝ました　4. 寝ませんでした
5. 寝ましょう　6. 寝たいです　7. 寝る ことが できます　8. 寝ない

동사 활용 쓰기 연습
する 하다

あ 다음 제시된 동사를 알맞게 활용하여 문장을 완성해 보세요.

1. 部屋で 宿題を _____。
   방에서 숙제를 합니다.

2. 彼は 掃除を _____。
   그는 청소를 하지 않습니다.

3. デパートで 買い物を _____。
   백화점에서 쇼핑을 했습니다.

4. 何も _____。
   아무것도 하지 않았습니다.

5. 毎日 運動 _____。
   매일 운동합시다.

6. 車を 運転 _____。
   자동차를 운전하고 싶습니다.

7. 日本語の 勉強を _____。
   일본어 공부를 할 수 있습니다.

8. 料理は 全然 _____。
   요리는 전혀 하지 않는다.

정답
1. します   2. しません   3. しました   4. しませんでした
5. しましょう   6. したいです   7. する ことが できます   8. しない

동사 활용 쓰기 연습
来る 오다

✍️ 다음 제시된 동사를 알맞게 활용하여 문장을 완성해 보세요.

1 明日 両親が _____。

내일 부모님이 옵니다.

2 田中さんは 今日 _____。

다나카 씨는 오늘 오지 않습니다.

3 手紙が _____。

편지가 왔습니다.

4 彼女は 会社に _____。

그녀는 회사에 오지 않았습니다.

5 明日 また _____。

내일 다시 옵시다.

6 来年も 一緒に _____。

내년에도 같이 오고 싶습니다.

7 一人で _____。

혼자서 올 수 있습니다.

8 彼は もう _____。

그는 이제 오지 않는다.

정답
1. 来ます　2. 来ません　3. 来ました　4. 来ませんでした
5. 来ましょう　6. 来たいです　7. 来る ことが できます　8. 来ない

필기 시험 정답

UNIT 01　　　019p

단어 익히기

01
1. あう / 1그룹
2. みる / 2그룹
3. いく / 1그룹
4. くる / 3그룹

02
1. 読む
2. 書く
3. する
4. 食べる

문장 익히기

03
1. 수박을 사.
2. 파스타를 팔아.
3. 학교에서 일본어를 가르쳐.
4. 점심밥은 밖에서 먹어.
5. 벌써 집에 돌아가?

04
1. 私は 音楽を 聞く。
2. 明日 学校に 行く。
3. 友だちと 一緒に 宿題を する。
4. 何を 売る？
5. 明日 両親が 来る？

UNIT 02　　　031p

단어 익히기

01
1. きる / 입다
2. かいしゃ / 회사
3. わかる / 알다, 이해하다
4. おりる / 내리다

02
1. 起き
2. 出かけ
3. 朝ご飯
4. ジム

문장 익히기

03
1. 커피를 마셔요.
2. 저는 텔레비전을 보지 않아요.
3. 저도 잘 몰라요.
4. 내일도 버스를 타지 않나요?
5. 아마 지하철 쪽이 빨라요.

04
1. 彼も カフェに 来ます。
2. 田中さんは アメリカに 帰りません。
3. じゃあ、地下鉄に 乗ります。
4. 今日も 会社に 行きますか。
5. この バスは うめだ駅まで 行きますか。

UNIT 03   039p

단어 익히기

01
1. 買い物 / かいもの
2. 週末 / しゅうまつ
3. 送る / おくる
4. 借りる / かりる

02
1. 勉強(べんきょう)
2. 開(あ)け
3. 出(だ)し
4. 授業(じゅぎょう)

문장 익히기

03
1. 그는 편지를 썼어요.
2. 책을 아무것도 빌리지 않았어요.
3. 어제, 술을 마셨나요?
4. 아직 메일을 보내지 않았어요?
5. 저는 셔츠와 바지를 샀어요.

04
1. この 映画(えいが)は 見(み)ました。
2. 彼女(かのじょ)は パーティーに 来(き)ませんでした。
3. デパートで 何(なに)も 買(か)いませんでした。
4. 日本(にほん)で 着物(きもの)を 着(き)ましたか。
5. 昨日(きのう)、二人(ふたり)で 買(か)い物(もの)を しました。

UNIT 04   047p

단어 익히기

01
1. 箱 / はこ
2. 卵 / たまご
3. 紙 / かみ
4. 傘 / かさ

02
1. 机(つくえ)
2. 庭(にわ)
3. 鍵(かぎ)
4. 鉛筆(えんぴつ)

문장 익히기

03
1. 필통에 볼펜이 있어요.
2. 냉장고에 계란이 없었어요.
3. 가방 위에 우산이 없어요.
4. 침대 아래에 슬리퍼가 있었어요.
5. 이 근처에 온천은 있나요?

04
1. 箱(はこ)に チョコレートが ありました。
2. テーブルの 上(うえ)に コップが ありません。
3. 木(き)の 下(した)に ベンチが ありませんでした。
4. ピアノの 下(した)に 何(なに)が ありますか。
5. ちょっと 遠(とお)いですが、バスが ありますよ。

UNIT 05　　　　　　　055p

단어 익히기

01　① 本屋 / ほんや
　　② 公園 / こうえん
　　③ 台所 / だいどころ
　　④ 弟 / おとうと

02　① 同僚(どうりょう)
　　② みんな
　　③ お父(とう)さん
　　④ コンビニ

문장 익히기

03　① 고양이는 부엌에 없었어요.
　　② 남동생은 방 안에 있어요.
　　③ 선생님은 교실 밖에 없어요.
　　④ 아이는 문 뒤에 없었어요.
　　⑤ 지금, 어디에 있나요?

04　① 友(とも)だちは 図書館(としょかん)に います。
　　② みんなは 公園(こうえん)に いませんでした。
　　③ 同僚(どうりょう)は レストランの 中(なか)に います。
　　④ 彼氏(かれし)は 日本(にほん)に いますか。
　　⑤ 田中(たなか)さんは 駅(えき)の 前(まえ)に いませんでしたか。

UNIT 06　　　　　　　063p

단어 익히기

01　① 写真 / しゃしん
　　② 単品 / たんぴん
　　③ 色 / いろ
　　④ 始める / はじめる

02　① 窓(まど)
　　② これから
　　③ コーラ
　　④ お腹(なか)

문장 익히기

03　① 저 가게에 들어갑시다.
　　② 학교 앞에서 만납시다.
　　③ 색깔은 핑크로 할게요.
　　④ 디저트는 케이크로 할게요.
　　⑤ 저는 오늘의 정식으로 할게요.

04　① あそこで 写真(しゃしん)を 撮(と)りましょう。
　　② そろそろ 会議(かいぎ)を 始(はじ)めましょう。
　　③ 昼(ひる)ご飯(はん)は オムライスに します。
　　④ 何(なに)を 食(た)べましょうか。
　　⑤ メニューは 何(なに)に しますか。

UNIT 07　　　　　　　　　　071p

단어 익히기

01
1. 資料 / しりょう
2. 家族 / かぞく
3. 妹 / いもうと
4. 今朝 / けさ

02
1. 電話(でんわ)
2. 歌(うた)い
3. 休(やす)み
4. 話(はな)し

문장 익히기

03
1. 자료를 조사하면서 리포트를 써요.
2. 사진을 찍으면서 걸었어요.
3. 유튜브를 보면서 요리를 만들었어요.
4. 경치가 아주 예뻐요.
5. 운전하면서 무엇을 하나요?

04
1. 音楽(おんがく)を 聞(き)きながら 掃除(そうじ)します。
2. カフェで コーヒーを 飲(の)みながら 本(ほん)を 読(よ)みます。
3. 宿題(しゅくだい)を しながら お菓子(かし)を 食(た)べました。
4. 友(とも)だちと 話(はな)しながら ビールを 飲(の)みました。
5. 退勤(たいきん) 後(ご)は 何(なに)を しますか。

UNIT 08　　　　　　　　　　079p

단어 익히기

01
1. 呼ぶ / よぶ
2. 映画館 / えいがかん
3. 服 / ふく
4. 中国語 / ちゅうごくご

02
1. 散歩(さんぽ)
2. 髪(かみ)
3. 手伝(てつだ)い
4. 塾(じゅく)

문장 익히기

03
1. 영화관에 영화를 보러 가요.
2. 도서관에 숙제를 하러 가요.
3. 학원에 그림을 배우러 와.
4. 카페에 책을 읽으러 와요.
5. 공원에 무엇을 하러 오나요?

04
1. コーヒーを 飲(の)みに 行(い)く。
2. デパートへ 服(ふく)を 買(か)いに 行(い)きます。
3. レストランへ 晩(ばん)ご飯(はん)を 食(た)べに 行きます。
4. 日本語(にほんご)を 習(なら)いに 来(く)る。
5. 公園(こうえん)へ 運動(うんどう)を しに 来(き)ます。

UNIT 09   087p

단어 익히기

01
1. お土産 / おみやげ
2. 旅行先 / りょこうさき
3. 将来 / しょうらい
4. 韓国語 / かんこくご

02
1. カレー
2. 資格(しかく)
3. ドラマ
4. 今週末(こんしゅうまつ)

문장 익히기

03
1. 주먹밥을 먹고 싶어요.
2. 저 롤러코스터를 타고 싶어요.
3. 저는 공부를 하고 싶지 않아요.
4. 내일은 일찍 일어나고 싶지 않아요.
5. 장래에는 무엇을 하고 싶나요?

04
1. お土産(みやげ)を 買(か)いたいです。
2. 昼(ひる)ご飯(はん)は すしを 食(た)べたいです。
3. 明日(あした)は 出(で)たくありません。
4. ここでは 写真(しゃしん)を 撮(と)りたくありません。
5. 彼女(かのじょ)と 結婚(けっこん)したいですか。

UNIT 10   095p

단어 익히기

01
1. 漢字 / かんじ
2. 住む / すむ
3. 軽い / かるい
4. 集中する / しゅうちゅうする

02
1. 地図(ちず)
2. 練習(れんしゅう)
3. 文字(もじ)
4. 質問(しつもん)

문장 익히기

03
1. 원피스는 입기 편해요.
2. 이 단어는 외우기 쉬워요.
3. 이 떡은 작아서 먹기 편해요.
4. 이 베개는 낮아서 자기 편해요.
5. 이 신발은 가벼워서 신기 편해요.

04
1. ソウルは 住(す)みやすいです。
2. この アプリは 使(つか)いやすいです。
3. レストランは 予約(よやく)しやすいです。
4. この 本(ほん)は 文字(もじ)が 大(おお)きくて 読(よ)みやすいです。
5. この 部屋(へや)は 静(しず)かで 集中(しゅうちゅう)しやすいです。

UNIT 11　　　103p

단어 익히기

01
1. 車 / くるま
2. 不思議だ / ふしぎだ
3. 小説 / しょうせつ
4. 値段 / ねだん

02
1. 薬(くすり)
2. 水泳(すいえい)
3. 口(くち)
4. 注文(ちゅうもん)

문장 익히기

03
1. 글씨가 작아서 읽기 힘들어요.
2. 멀어서 오기 힘들었어요.
3. 이 셔츠는 작아서 입기 힘들었어요.
4. 그의 수업은 어땠어요?
5. 이 메뉴판, 한자가 많네요.

04
1. 掃除(そうじ)しにくいです。
2. この 車(くるま)は 運転(うんてん)しにくいです。
3. この 漢字(かんじ)は 複雑(ふくざつ)で 覚(おぼ)えにくかったです。
4. 彼女(かのじょ)の 料理(りょうり)は まずくて 食(た)べにくかったです。
5. 浴衣(ゆかた)は 着(き)にくいですか。

UNIT 12　　　111p

단어 익히기

01
1. 荷物 / にもつ
2. 最近 / さいきん
3. 残す / のこす
4. 派手だ / はでだ

02
1. 塩(しお)
2. 指(ゆび)
3. 働(はたら)き
4. 何(なに)か

문장 익히기

03
1. 밤에, 커피를 너무 많이 마셨어요.
2. 주말에, 스마트폰을 너무 많이 봤어요.
3. 밥을 너무 많이 먹어서 배가 아팠어요.
4. 빵을 너무 많이 만들어서 남겼어요.
5. 쇼핑을 너무 많이 해서 짐이 많았어요.

04
1. デパートで お金(かね)を 使(つか)いすぎました。
2. 昨日(きのう)、電話(でんわ)を しすぎました。
3. 静(しず)かすぎて 退屈(たいくつ)でした。
4. 服(ふく)を 着(き)すぎて 暑(あつ)かったです。
5. この クッキー、私(わたし)が 作(つく)りました。

UNIT 13　　　　　　　　119p

단어 익히기

01
1. 言う / いう
2. 強い / つよい
3. 廊下 / ろうか
4. 終わる / おわる

02
1. 正直(しょうじき)に
2. 丁寧(ていねい)に
3. それに
4. チェックイン

문장 익히기

03
1. 선생님은 능숙하게 가르쳐요.
2. 그녀는 상냥하게 대답했어요.
3. 게다가 직원도 친절해요.
4. 복도에서 조용히 걷나요?
5. 이 호텔, 경치가 예쁘게 보이네요.

04
1. 授業(じゅぎょう)は 早(はや)く 終(お)わります。
2. 田中(たなか)くんは 熱心(ねっしん)に 準備(じゅんび)しました。
3. それに 忙(いそが)しく 過(す)ごしました。
4. それに 安(やす)く 予約(よやく)しました。
5. 今日(きょう)の 昼(ひる)ご飯(はん)は 簡単(かんたん)に 食(た)べますか。

UNIT 14　　　　　　　　127p

단어 익히기

01
1. 何時 / なんじ
2. 午後 / ごご
3. 夕方 / ゆうがた
4. 銀行 / ぎんこう

02
1. 両替(りょうがえ)する
2. 預(あず)ける
3. あなた
4. ちょっと

문장 익히기

03
1. 은행은 9시부터 3시까지예요.
2. 8시부터 11시까지 연락할 수 있어요.
3. 혼자서 해외여행을 갈 수 없어요.
4. 오후에 가르칠 수 있나요?
5. 저녁에는 같이 운동할 수 있나요?

04
1. 私(わたし)は なっとうを 食(た)べる ことが できます。
2. 本(ほん)を 借(か)りる ことが できます。
3. 怖(こわ)くて 泳(およ)ぐ ことが できません。
4. 1時(いちじ)から 3時(さんじ)までは 会議(かいぎ)する ことが できません。
5. 学校(がっこう)で スマホを 使(つか)う ことが できますか。

UNIT 15 135p

단어 익히기

01
1. 探す / さがす
2. 公演 / こうえん
3. 今週 / こんしゅう
4. 辞める / やめる

02
1. ヨーロッパ
2. ゆっくり
3. サッカー
4. ネクタイ

문장 익히기

03
1. 오후에는 공연을 볼 생각이에요.
2. 다음 주에는 이사를 할 생각이에요.
3. 저는 맛있는 가게를 찾을 생각이에요.
4. 식당에서 소바를 먹을 생각이었어요.
5. 어제는 남자 친구와 데이트할 생각이었어요.

04
1. 午後は ドライブする つもりです。
2. 明日は レポートを 書く つもりです。
3. 海で 泳ぐ つもりでした。
4. 今週は 忙しく 働く つもりでした。
5. 来週の 週末は 何を する つもりですか。

UNIT 16 145p

단어 익히기

01
1. 忘れる / わすれる
2. 泣く / なく
3. 遅刻する / ちこくする
4. 約束 / やくそく

02
1. ない
2. 降る
3. 負けない
4. ひみつ

문장 익히기

03
1. 일본에 안 돌아가.
2. 내가 선물할게.
3. 절대로 약속 안 잊어.
4. 내일도 도서관에 와?
5. 이제부터는 지각 안 할거지?

04
1. フルーツは 食べない。
2. ケーキは 買わない。
3. ぜったいに 話さない。
4. ぜったいに デザートを 食べない。
5. もう 泣かないよね？

UNIT 17　　　　　　　　153p

단어 익히기

01
1. 声 / こえ
2. 笑う / わらう
3. 箸 / はし
4. 作品 / さくひん

02
1. ゴミ
2. 騒が
3. 手
4. ネット

문장 익히기

03
1. 업무 중에 스마트폰을 사용하지 말아 주세요.
2. 펜으로 쓰지 말아 주세요.
3. 큰 목소리로 노래하지 말아 주세요.
4. 학교 컴퓨터로 게임하지 말아 주세요.
5. 전철 안에서 전화하지 말아 주세요.

04
1. 英語で 答えないで ください。
2. これからは 遅れないで ください。
3. ここで 写真を 撮らないで ください。
4. 作品を 手で 触らないで ください。
5. この 箸で 食べないで ください。

UNIT 18　　　　　　　　161p

단어 익히기

01
1. 急ぐ / いそぐ
2. 並ぶ / ならぶ
3. 脱ぐ / ぬぐ
4. 謝る / あやまる

02
1. スーツ
2. 朝
3. 出勤
4. パスポート

문장 익히기

03
1. 줄 서지 않아도 돼요.
2. 오늘은 옷을 교환하지 않아도 돼요.
3. 신발은 벗지 않아도 괜찮아요.
4. 지금은 충전기를 빌리지 않아도 돼요?
5. 정말로 외우지 않아도 돼요?

04
1. 考えなくても いいです。
2. そんなに 急がなくても いいです。
3. もう 薬を 飲まなくても いいです。
4. 本当に 休まなくても いいですか。
5. 本当に 宿題しなくても いいですか。

UNIT 19   169p

단어 익히기

01 ① 払う / はらう
　　　② 片付ける / かたづける
　　　③ 牛乳 / ぎゅうにゅう
　　　④ 現金 / げんきん

02 ① 次（つぎ）
　　　② スーパー
　　　③ 後（あと）
　　　④ とき

문장 익히기

03 ① 슈퍼에서 우유를 사야 해요.
　　　② 회의 후에는 자리를 정리해야 해요.
　　　③ 수업이 시작될 때 리포트를 내야 해요.
　　　④ 청소할 때 마스크를 써야 해요.
　　　⑤ 내릴 때 돈을 지불해야 해요.

04 ① 入（はい）る とき 並（なら）ばないと いけません。
　　　② 明日（あした）は 花屋（はなや）に 行かないと いけません。
　　　③ 朝（あさ）、9時（くじ）に 来（こ）ないと いけません。
　　　④ いつ 働（はたら）かないと いけませんか。
　　　⑤ いつ 窓（まど）を 閉（し）めないと いけませんか。

UNIT 20   177p

단어 익히기

01 ① 風邪 / かぜ
　　　② 桃 / もも
　　　③ 来月 / らいげつ
　　　④ 全部 / ぜんぶ

02 ① 大会（たいかい）
　　　② エアコン
　　　③ 早（はや）めに
　　　④ 走（はし）り

문장 익히기

03 ① 저는 오늘 감기이기 때문에 쉬어요.
　　　② 사실은 맛없기 때문이에요.
　　　③ 이 가게는 점원이 친절하기 때문에 가요.
　　　④ 전부 한자이기 때문에, 잘 모르겠어요.
　　　⑤ 왜 그 화장품을 사지 않나요?

04 ① この スニーカーが 楽（らく）ですから 履（は）きます。
　　　② 今週（こんしゅう）、テストが ありますから 早（はや）めに 帰（かえ）ります。
　　　③ 値段（ねだん）が 安（やす）いですから 桃（もも）を 買（か）います。
　　　④ じつは 来月（らいげつ）、日本（にほん）に 行（い）きますから。
　　　⑤ おしゃれな カフェですね。

MEMO

MEMO

MEMO

MEMO

MEMO

MEMO

MEMO

시원스쿨닷컴